笑う神さま図鑑

川

言視舎

はじめに　神さまと共に笑う神人共笑《しんじんきょうしょう》のおすすめ

本書では仏教の仏さまも神さまとお呼びしています。そしてタイトルから誤解されませんようはじめにお断りしておきますが、本書に登場する神さまたちはみな真面目な神々です。あまり有名なタレント神さまは登場しないかもしれません。しかしその存在を知っていただければ、それだけでもご利益はいただけると思います。たしかにここに登場する神々に興味を持っていただくために、ある一面を強調している場合もありますが、それでもまず理屈抜きに神さまに親しんでいただきたい、そんな気持ちで筆を執りました。

神さまには「余計なことはあまり書くな」と叱られそうですが、読者のみなさまには神々の語られない一面も知っておいていただきたいのです。じつは神々は決して厳《おごそ》かなだけではなく、威張っているわけでもありません。むしろ威張っているのは神さまたちの背後に隠れ、その存在を利用している一部の人たちです。みんなが神さまに頭を下げるのを、自分に向かって下げているのだと勘違いしているのです。

「神人共食《しんじんきょうしょく》」という言葉があります。お祭りの後で神さまに捧げた酒肴のお下がりをいただいて神さまのパワーをお裾分けしていただくことです。本書では楽しいことがお好きな神々と共に笑うことを「神人共笑」と呼ぶことにいたします。

江戸時代、庶民の数少ない娯楽の一つは「お参り」でした。そしてお参りの後は精進落としと称してのドンチャン騒ぎです。大きな寺社の周囲には必ずといってよいほど遊郭がありました。じつは神さまも（天尊も）エッチなことは大好きなのです。少なくとも「不謹慎な！」などと怒ったりはしません。御神楽《おかぐら》（田遊び）などの奉納民俗芸能は、自分たちと神さまの娯楽のためです。仏前にも神前にも必ず奉納するようにお酒も大好きです。人が楽しいと感じたものは神さまも好きと決まっているのです。本当のことをいえば神さまだって穢《けが》れます。ですから式の前には神さまが穢れないようお祓《はら》いをするのです。

ただし仏尊の如来や菩薩ほど悟りを開かれてしまうと筆者の想像の範囲をはるかに超えておりますので、なんとも申し上げられません。それでも菩薩や明王は結婚もしますし、天尊に関しましてはスキャンダルが絶えません。これらについては本書でもご紹介します。

とにかく神さまに関しての事柄すべてにソフトフォーカスをかけて曖昧にし、必要以上に神聖視やタブー視することを本書では避けています。むしろ故意とまでは申しませんが、今まで無視されて（隠されて）きた神々の過去や悪事をここでご紹介し、読者の皆様とともに驚き、そして納得していただき、最後には「ばれちゃった?」と照れているかもしれない神さまを愛し、共に笑いたく存じます。

どうぞ本書を大いに楽しみ、神々のパワーをありがたく受け入れていただきたく願う次第です。

目次

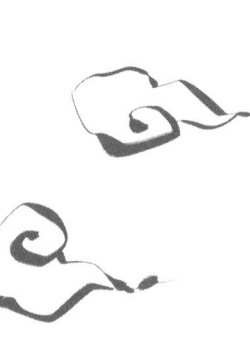

Ⅲ 動植物（妖怪含む）と石の神さま

Ⅳ 地獄と伝説のキャラクター

Ⅴ 変わりお地蔵さん

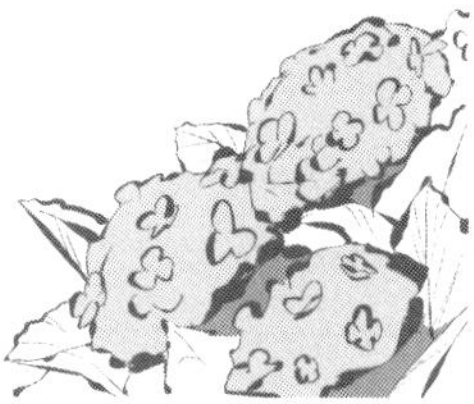

VI むかしヒトだった神さま

Ｉ 庶民的な神さま

一

ヘビ嫌いには正視できない宇《う》賀《が》神《じん》さま

本来は白蛇のはずだが
少々色が濃い？ようだ

PHOTO：神奈川県鎌倉市腰越の満福寺

頭は老人、体はとぐろを巻いたヘビという、意味不明、理解不能な神さまです。ヘビは太古から世界中で神として崇《あが》められてきました。脱皮・再生する。毒を持ち、強い。殺そうとしてもなかなか死なない。農作物を荒らすネズミの天敵。山並みや川の蛇行に似ている。おちんちんを連想させる…など［最後は余計？ いや大事］ですが、日本神話でも神の化身であったり、女性の執念がヘビになる話も多くあります［「安珍と清姫」とかね］。

でも、この神さま、なんの神さまなのか出自もはっきりしません。仏教的には「宇賀耶《うがや》」（財を施すこと）という語から来ているとか、神道的にはお稲荷さま（倉稲魂命《うかのみたまのみこと》）のうか（ヘビの古語）と音が似ていることから、結果的に食物（穀物）を司《つかさど》る神さまということになっているようです［こじつけじゃないだろね］。

しかし見た目には魔除け的な姿です。

頭が老人ではなく女性の場合もあり、これは「濡れ女」という妖怪にも似ています。

頭に宇賀神と鳥居を乗せるフシギな宇賀弁財天

PHOTO：長野県戸隠・久山家の宇賀弁財天

二　鞍馬の天狗は金星人!?

平安時代の末期に牛若丸に武術を授けたのは鞍馬の天狗大僧正だったことは有名な話です。今でも鞍馬山の「奥の院魔王殿」にはその大天狗が祀《まつ》られています。つまり鞍馬の天狗は魔王さまなのです。ところが鞍馬寺の山内史跡パンフレットの解説文「奥の院の項」を見ますと少々事情が複雑になります。「650万年前、金星より地球の霊王として天下り地上の創造と破壊を司る護法魔王尊が奉安される。云々」と明記してあります「ええーっ?」。つまり魔王尊は金星人であり「うそっ!」、しかも一説によると人間とは異なる元素からできており、ゆえに永遠に十六歳のままだという「そんな無茶な…」。さらに護法（仏法を護《まも》ること）といいましても、そもそも仏教が誕生したのが紀元前450年頃ですから、とてつもなく理屈の合わないお話です「それどころじゃないじゃん」。たしかに天狗が日本の書物（『日本書紀』）に初登場するのは流星（「天つ狗《いぬ》」）としてですから、決して宇宙（宇宙人）と無関係ではないとしても…、です。

金星人とはいえ、
とても十六歳に
は見えない

中国風だが修験《しゅげん》
道《どう》の影響も見ら
れエキゾチック
な姿である

京都府京都市左京区鞍馬本町
鞍馬寺「魔王大僧正」の御影《みえい》

三

貧乏神をご開帳してみたら

開帳する寺宝もない田舎の貧乏寺が苦しまぎれに「当寺に代々伝わる貧乏神を開帳するが参拝をしないと貧乏神がこちらから出向くとの御託宣《ごたくせん》があった」という札《ふだ》を掲げたところ「これじゃ脅しだ」、参拝者が詰めかけ寺は大儲けしたが、当の貧乏神は「このように我を人目にさらされては、ここには住めない」と出て行ってしまった（図①）。

図①『元禄期軽口本集』岩波書店より

また、ある男が貧乏神は悲しい噺《はなし》が嫌いだと聞いて「好きそうだけどね」「安寿と厨子王」の説経節を語ったところ、貧乏神は涙を流して出て行ってしまった。男がホッとしていると貧乏神が戻ってきて、「あまりに噺が感動的なので妻を連れて戻ってきました」といったそうです（図②）。

図②『噺本大系』東京堂出版より

追い出し策は笑うしかありませんが、逆に祀《まつ》ることで貧乏神に感謝され脱貧乏に成功した例もあります。この貧乏神の祠《ほこら》は東京・文京区春日の北野神社（牛天神）に現存しています。ただし「太田神社（高木神社と合祀《ごうし》）」という社名になって祭神は別項・黒闇《こくあん》天女に変更されています「「貧乏神」のほうがインパクトあるのにね」。

四 箒神《ははきがみ》の呪力は掃除機より上

箒《ほうき》が神さまだと知っている人は少ないと思います。箒神はお産に関係の深い神さまなのです［意外！］。お産には山の神、便所神（または杓子神《しゃもじがみ》）、箒神の三神が立ち会わなければ出産が始まらないといわれ、それなのにいつも箒神はわざと遅刻するらしいのです［お産が大変なことを表しているのかな］。でも神さまですから、女性が箒を跨《また》いだり踏んだりすると、ますますお産が重くなるのです。産婦人科なんてありませんでしたから、出産は命がけでした。産婦の腹を箒でなでたり、足許に箒を逆さに立てて安産祈願したのです。

安産だけではありません。箒神は「掃《は》き出す力」を持っているわけですから、嫌なもの＝悪霊や死神でも、あるいは長居の嫌な客でも追い出すことができるんです。その場合は逆さ箒に頬被《ほおかむ》りをさせます。帽子でも風呂敷でもいいらしい。

川柳に「帰ったを見れば箒も恐ろしい」と詠《よ》まれたほどの効果です［すごい効き目だ］。悪霊でもなんでも吸い込んでしまう「強力な」掃除機では、こうはいきません。

『百器徒然袋』
絵：鳥山石燕

箒神が持っている物は竹箒だが、自分の体は羽箒やシュロ、箒草などでできているようだ

室内箒の大小いろいろ

五

神社にとっても笑いの止まらぬなでおかめ

PHOTO：東京都台東区
千束の鷲（おおとり）神社

賽銭箱の上に乗っているところがなんとも強欲!?

おかめとは広辞苑を引くと「お多福の仮面」とあります。別項、天鈿女命《あめのうずめのみこと》と同じ顔に描かれることも多く、美人とはいえませんが、下ぶくれした愛嬌のある顔は、おそらく好色の気を持つ多産系の女性として、めでたいと見られていたのでしょう「デブ専やブス専とはちがう話だよね」。

これまた滑稽で醜男《ぶおとこ》の代表とされ、ドジョウすくいのキャラクターでもある火男《ひょっとこ》のパートナーでもありますが、共に縁起ものとして古くから愛され親しまれてきました。人々の優越感を誘うという一面も無視できません。

東京、台東区鷲《おおとり》神社の本殿正面、賽銭箱の上に巨大ななでおかめが鎮座しています。「おでこをなでれば賢くなり　目は先見の明が効き　鼻は金運がつく、右の頬は恋愛成就　左の頬は健康に　口は災いを防ぎ　顎《あご》から顔全体をなでれば物事が丸く収まる」とあります。一部だけなでる人などいませんから、神社にとっても笑いが止まりません「ご利益があると聞けば、つい手が…」。

六 赤い紙切れに覆われた奇っ怪な姿。赤紙二王尊

せっかく草履を供えても、この姿でドスンドスンと来られては恐怖だ

PHOTO：東京都北区田端の東覚寺

東京都北区田端、東覚寺の金剛力士立像、通称「赤紙仁王」さまは、寛永十八（一六四一）年から幾多の災害を乗り越えて、庶民の疫病を鎮めるため、露仏のまま立ち続けているといいますから、まことにありがたい限りです。ご覧のように、この石仏仁王さまの全身には赤い紙がべたべたと隙間なく貼り付けられています。大嵐の翌日でもなければお姿の全貌を拝めないでしょう［赤紙…って、差し押さえにあったということだろうか］。

不動堂の前に阿吽《あうん》の二体で立っているのですが、二体とも、その尊顔を拝した人はいないのでは、とさえ思われます。いつの頃からか、参拝者が赤紙を自分や大事な人の患部と同じ箇所に貼って、病気の身代わりと心身安寧《あんねい》を願うようになったといいます（近くの建物で、糊付きの赤紙をもらえます）。

ところで平癒《へいゆ》のあかつきには、草鞋《わらじ》を奉納することになっており、近くに草鞋掛けがあります。これは仁王さまが皆の病気を治すために、全国を歩いて回るからだそうです［そろそろウォーキングシューズにしてさしあげたらどうだろう］。

七 高齢化社会に満を持して登場の人頭《にんどう》さま

人頭さまは怒髪《どはつ》（怒りで逆立つ髪）で、頭部には髑髏《どくろ》を戴《いただ》き（これが尊名の由来か）、目を吊り上げ、右手に降魔の剣を持つ（左手は損じている）狩衣《かりぎぬ》（公家の普段着）姿です。厨子《ずし》の奥から鋭い眼光で睨《にら》みをきかせております「何にそんなに怒っているんだろう」。その人頭さまのご利益は、ノイローゼからボケ防止、首から上の病に万能といわれますから、これからますます高齢化の進む今の時代に、これほど適した神さまはいません。

なぜか明治時代に一度、流行神《はやりがみ》となったようで『東京の迷信・明治四十年十一月十九日・人頭さま』には「谷中坂町本光寺の境内に人頭さまといふ妙な名のはやり神がある、人頭さまとは頭の病に効験が著《いちじる》しいといふ所から起つたものださうで、其実は頸《くび》から上の病なら何でも利くとでいひ囃《はや》され、数年前までは大繁昌を極めたものだが云々…」とあります「「頭だけ」より「首から上ぜんぶ」がありがたいよね」。

しかし、人頭さまの実体は不明です。なんとなく牛頭天王《ごずてんのう》、天神さま（菅原道真公）、平将門公、摩多羅神《またらじん》、荒神《こうじん》、青面金剛《しょうめんこんごう》、第六天…など、時として激しく祟《たた》る神格を彷彿《ほうふつ》とさせます［ちょっとコワい］。

かつては金箔が施されていたらしいが、眼光の鋭さは今も健在
どくろを戴く

PHOTO：東京台東区谷中の本光寺

八

不純な願いも聞き届けてくれる庶民の味方？ 第六天

かつて、人々の快楽を自らの糧《かて》とする仏尊で、第六天魔王（大六天）と呼ばれた神さまがいました。織田信長が自らを第六天と名乗ったことは有名ですが、たとえば不倫したいとか、借金を棒引きにしてほしいなどの不遜《ふそん》・不埒《ふらち》な願いでも、それが願う人にとっての快楽となるならば叶えてくれるというリクツなのです「ア・リ・ガ・タ・イけど、いいのかな?」。ですからお調子者や遊び人の多い江戸庶民の間で大流行しましたが、当然、そのような神さまは明治時代には否定されました「そりゃそうだよな」。

ところが今でも第六天は関東のいたる地域に祀《まつ》られており、じつは東京都内だけでも第六天関係の寺社や遺跡は、縁切榎《えんきりえのき》など七十カ所以上あります。ただしその多くは祭神を面足命《おもたるのみこと》と惶根命《かしこねのみこと》の夫婦神としたり、社号を胡録《ころく》神社、高木神社などに変えています。つまり今は魔王ではなく善神となって、お稲荷さんや大黒さまと同じような神格に「変身」ならぬ「変神」されてしまいました。じつに不思議な世渡りをされている神さまです「お尋ね者が善人を装っているような…とは、ちょっと違うか」。

今は面足命と惶根命の夫婦神が大六天（第六天）とされている

PHOTO：東京都八王子市片倉の大六天宮

九 地上に降りた風神・雷神

宗達の二神と違ってオジサンぽいし、ずいぶん短足だ

PHOTO：東京都北区滝野川の金剛寺（風神・雷神像は山門の内側に立つ）

俵屋宗達の屏風絵や浅草雷門などでおなじみ、背負った袋から風を吹かせる風神さまと太鼓を叩いて雷鳴や稲妻を起こす雷神さまです。私たちのイメージでは彼らは普段、中空にいますが、こちらの二神は地にどっしりと足をつけています「コワイというより、ちょっとカワイイ」。

共に大自然の象徴で、時として絶大な猛威を振るう二神は、もともと天候を崩す悪神たちの首領的存在でしたが、千手観音の眷属《けんぞく》である観音二十八部衆との戦いに敗れ、その家来になって仏教に帰依《きえ》し「天部」に属するようになりました「仏教サイド発表。でも温暖化で悪神に戻ったりしないだろうか」。適度に働いてくだされば「稲（の）妻」というように、農作にとって欠かせない神さまですが、農工業守護以外にも、金運や疫病退散のご利益があることは、あまり知られていないようです。

この雷神の太鼓や背中部分は欠損していますが、大津絵の「雷と太鼓」を思い出させて、少々お気の毒な感じです。

海に落とした太鼓を釣り上げようとしている雷神　大津市歴史博物館発行「大津絵の世界」より転載

十 夜遊びの口実は「庚申《こうしん》さま」なんだけど

庚申さまは夜遊びの神さまです。つまり六十日に一度巡ってくる庚申の夜に仲間（講）で集まり、夜更《ふ》かしするのです。当番の家などに飲食物を持ち寄って集まり、庚申さまを拝んでお喋りをします。つまり公認の娯楽ですが、男女の交渉は御法度《ごはっと》［それじゃ、なんのため?:］。夜更かしの目的は、人の体の中に住む三尸《さんし》の虫が庚申の夜に身体から抜け出して天帝（閻魔王とも）にその人の罪を密告するので、それを阻止するためです。天帝はその人を裁いて命を縮め、その人が死ぬと三尸の虫は自由の身（鬼）になれるのです［なんてイヤな虫だ］。

その講でなんらかの記念に建立《こんりゅう》するのが庚申塔で、さまざまなパターンがありますが、一般的には邪鬼を踏みつけている青面《しょうめん》金剛や三猿などが彫られます［見ざる聞かざる言わざるって、三尸の虫に対する警告かな?:］。他には陽、月、鶏、夜叉、童子、ショケラ（髪を摑まれた半裸

三尸の虫はそれぞれ人の頭、胴、足に棲みついており、罪状を書きつけた巻物を持つ

の女性）などが見られます。もちろん文字だけの文字碑もあります。神道では猿《さる》田《た》彦命《ひこのみこと》を主尊に当てています。少なくとも猿の像か庚申の文字が目印です。

PHOTO：東京都目黒区平町の帝釈堂境内に立つ庚申塔（青面金剛）
上から左右に「月と日」、六本の手のうち四本に武器を持つ、足に踏みつけられている「邪鬼」、足の両脇に「鶏」、台座の正面には「三猿」（三猿は菱形が三つ並んでいるようにパターン化されている）

十一

魚籠《ぎょらん》観音はしなを作る人妻だった

腰の曲線が魚籠観音の特徴。石像とは思えぬ繊細さ
魚が顔を覗かせている

PHOTO：東京都足立区千住の長円寺

これはどう見ても美しい人妻。罪作りな観音さまもいらっしゃるものです。唐の元和年間（八〇六〜一二〇）、金沙灘という地に、籠を持って魚を商う一人の麗《うるわ》しい美女がいました。男たちが求婚すると女は「自分は仏経を好むので、それに通じる人なら夫にしよう」といいます［信仰が条件とはめずらしい］。

男たちの中に馬氏という者がいて難解な経をよく読誦《どくじゅ》したので、女はこの男と夫婦になりましたが、程なく死んでしまいます。

男は嘆き悲しみますが、数日後に異僧が来て、馬氏とともに女を葬った塚を見ると、その遺骨はことごとく金鎖に変じて光を放っていました。それで女が観音の化身であったことを知ったといい、彼女を魚籠観音と名付けたという話です［え？　なんでそういうことになるの？］。それにしても、いくら宗教的な方便とはいえ、なんだか馬氏が気の毒ですし、釈然としない話です。

漁業関係者・料理人・釣り人の守護、毒虫・毒蛇除けのご利益が知られます。また魚籠観音には、魚の入った魚籠《びく》を手に提《さ》げた姿と大魚に乗った姿があります。

十二

梅毒で耳が落ちた？ 袈裟《けさ》塚の耳無《みみなし》不動

江戸時代の遊び人は梅毒を患《わずら》って一人前といわれるほど花柳《かりゅう》病（梅毒の別名）は流行していたものです「そうなのか…」。この袈裟塚のやんちゃ顔のお不動さまには、そんな病にまつわる、光三郎とお絹という許嫁《いいなずけ》だった男女の悲話が込められています。

光三郎とは筑後（福岡県）柳川藩立花家の家臣で、お絹とは将来を約束した仲でした。しかし同藩の佐野兵馬がお絹を略奪して江戸へ連れ去ります。光三郎は苦心の末、兵馬を見つけこれを討ちますが、お絹は新吉原に遊女として売られており、光三郎はそこに入り浸ることになります。しかしその結果、重い梅毒をわずらって耳が落ち腰も抜けてしまいました「うーん、なんともいえません」。

その後、光三郎は仙光院（今は廃寺）九世光慧《こうえ》となりますが、門前の傍《かたわ》らに法衣を埋め袈裟塚を築き、不動尊を安置して村内の五穀豊穣と往来安全を祈願したといいます「なぜ袈裟を埋めたんだろう」。かつては吉原や千住宿の遊女たちなど、花柳病に悩む人々が多く訪れて参拝していたそうです。

片耳の不動尊像といっても、実際はお下げ髪で隠れているだけ

PHOTO：東京都荒川区荒川の三峰神社隣

十三

下半身の悩みならなんでも
謎に満ちた荒脛巾《あらはばき》神社

PHOTO：宮城県大崎市岩出山下一栗荒脛巾の荒脛巾神社　隣の養蚕神社には多数の鋏が奉納されている

むさ苦しい印象は否めません。しかしこの神社には民衆の雑多な願いが山積しており、人々の願いがひしひしと伝わってきます。

脛巾とは昔の旅人が脛《すね》に巻き付けた布のこと。いわゆる脚絆《きゃはん》やゲートルのようなものですから、旅人の守護神として信仰されてきました。それがいつの間にか腰から下の病気、性病、婦人病に悩む人たちの信仰を集めます。それで社殿には履き物、千羽鶴、木製の男根、杖、下着まで、あらゆるものが積み上げられています「千羽鶴って、どういうことだろう」。

じつは荒脛巾神も客人神《まろうどがみ》として祀《まつ》られる場合が多いのです。いずれにせよ古代（縄文時代〜大和朝廷の時代）から祀られた神らしい「そんな大昔に旅した人々とは?」。

その姿は遮光器土偶であるとか、日本東部の民・蝦夷《えみし》と関係あるとか、いやその頃存在した一族の名であるとか、蛇＝蛇木《ははき》と関わりがある、外敵から多賀城を守る「塞の神」的な神格を持つ、または「製鉄の神」と関係がある、出雲の流れを汲む…などなど、じつにさまざまな説が囁かれ、謎の多い神さまなのです。

十四

茅《ち》の輪《わ》は疫病神からの「一夜の宿」の返礼品

有名な京都の祇園祭とは牛頭天王《ごずてんのう》を祀《まつ》るものです。この神さまは怨霊＝疫病神です。いや疫病神たちの大親分です。八坂《やさか》神社だけでなく、各地の天王社、津島社、八雲社、須賀神社などの祭神も同系列で、牛頭天王は武塔《むとう》神や素戔嗚尊《すさのおのみこと》と同一神と考えられています［なんだかすごいキャラクターだ］。

風土記によりますと、北海の武塔神が南海の女神の元へ通った（夜這い）帰り、裕福な巨旦将来《こたんしょうらい》に一夜の宿を請《こ》いますが断られます。快く歓待してくれたのは貧しい兄の蘇《そ》民《みん》将来でした。後に武塔神は蘇民の家を訪

東京都荒川区の素戔嗚神社のお守り

PHOTO：東京都足立区千住仲町の氷川神社
茅の輪を見かけたら蘇民将来の子孫のつもりで堂々とくぐりましょう

れ、礼として腰に下げる「茅の輪」を送ります。それは厄除けのお守りでした。その晩、一帯を疫病が襲い蘇民将来の家族以外は死に絶えました「えっ、そんな…」。

この話が、各地の神社で旧暦の六月末に行なわれる「夏越《なご》しの祓《はら》え（疫病が流行る前の初夏の行事）」、いわゆる「茅の輪くぐり」の由来となりました。「蘇民将来之子孫也」と書かれたお札や御守りも、各地にあります。

いくら遊び帰りだからといって、このように来訪神を悪しざまに扱うとひどい目に遭《あ》ってしまうのです「う〜ん、でも、神さまも、やりすぎじゃないの」。

II ちょっとエッチな神さま

十五

子宝大黒の真ん中の俵《たわら》は　おちんちんです

インドで夜叉時代に持っていた多くの武器
の一つが小槌（こづち）となって残った

一般の大黒さまは二つ
の俵（！）の上に座るか
立っています

PHOTO：東京都港区元麻布の大法寺
子宝大黒は本堂の中なので声を掛ければ
案内していただける

大黒さまは優しいけれど好色で極悪という、ものすごく人間的な神さまです［って、どういうこと？］。奥さんは須勢理姫《すせりひめ》ですが、ほかにも五人の妻を持ち、子供は百八十人ほどもいますから、好色というだけでなく絶倫であったわけです［そういえば大きな俵だ］。縁結びの神さまといわれる理由はここにあります。

また、大黒さまは日本とインドの合体神でもあります。インドでは大黒天《マハーカーラー》と呼ばれました。多くの鬼神を引き連れる暗黒神＝死神＝夜叉だったのです。しかし日本には「穀物の種」を司《つかさど》る神として入ってきました。

つまり、食物は生と死の繰り返しの過程から派生するものなので、このような夜叉神が暗躍し、事物を破壊することによって新しい命の誕生＝生産があるという理屈です［う〜む、分かるような分からんような］。そして日本の「大国主《おおくに》の命＝だいこく」と「大黒天＝だいこく」が合体して大黒さまが生まれたという「言葉遊び」のようなお話から、この神さまは登場したわけです［え、まさかの親父ギャグだったのか］。

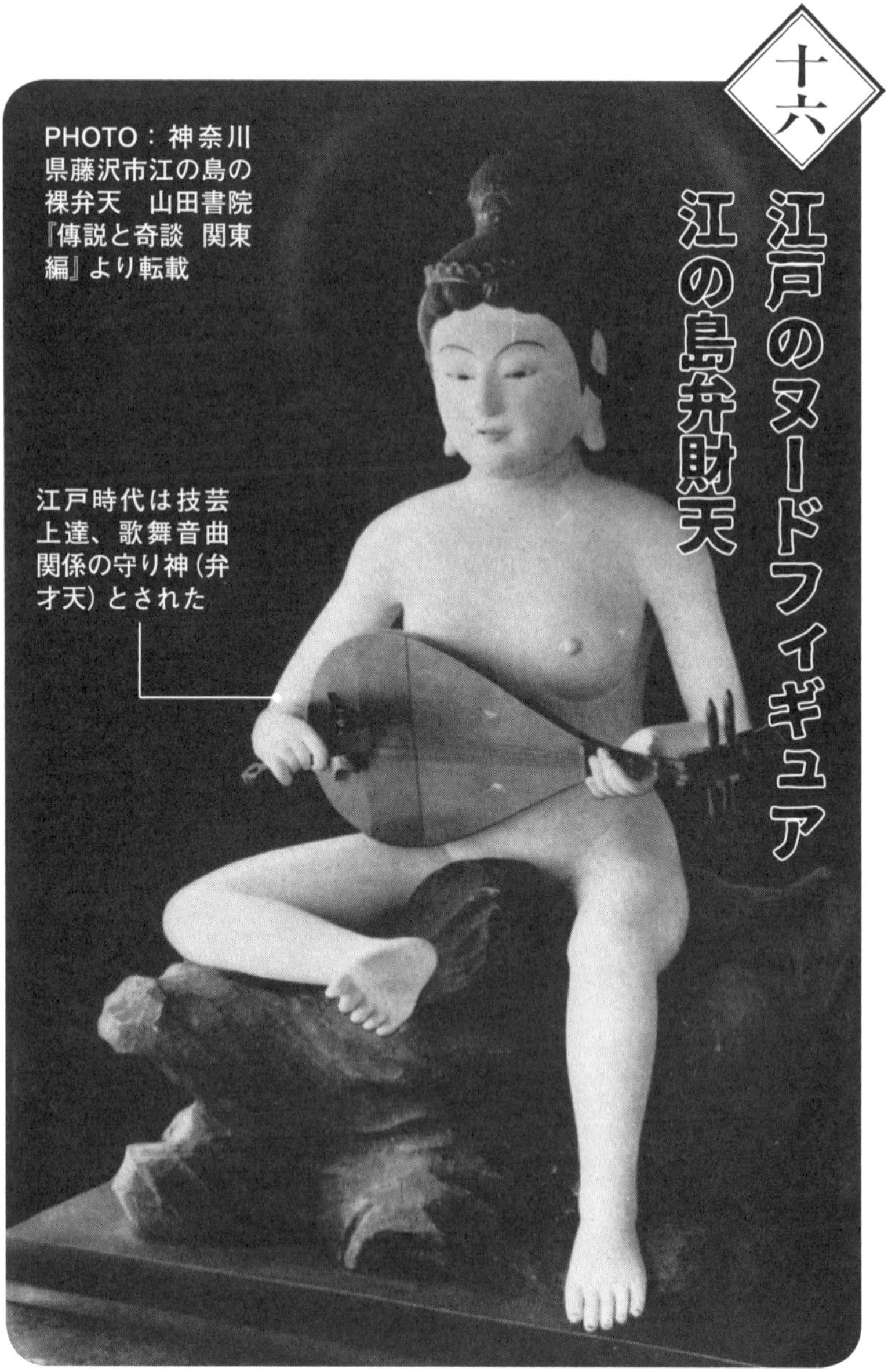
十六
江戸のヌードフィギュア
江の島弁財天
PHOTO：神奈川県藤沢市江の島の裸弁天　山田書院『傳説と奇談　関東編』より転載
江戸時代は技芸上達、歌舞音曲関係の守り神（弁才天）とされたインドでは河の神や知恵の神だったのが、なぜこのような色っぽい［エロでしょう］ヌード姿になってしまったのでしょう。その理由は彫刻技術が進み仏師が芸術的野心に目覚めたから（！）らしいのです。じつはちゃんと女性器まで彫ってあります［って、芸術的野心か？］。もともとこの像は裸像に着衣させていた可能性があります。かつて鶴岡八幡の弁天像を解体修理した際、やはり全裸だったというのです。戦後は某デパートで開帳され、ストリップ弁天などとも呼ばれました［バチ、当たらなかったの？］。

弁財天は一般的には琵琶を奏でる美女姿で知られますが、八臂《はっぴ》（腕が八本）姿も多く、それぞれの手に武器を持つ戦闘神としての一面もありますから、鼻の下を伸ばしている場合ではありません。

しかし江戸時代に入ると江ノ島観光ブームと相まって弁天人気は上昇。徐々に人間臭くなり、「カップルでお参りすると焼きもちを焼かれる」「弁天の貝とはしゃれた土産物」などなど、男性の好みに合わせた艶《つや》っぽい女性面が突出していったのです［それにしてもなぁ…］。

十七

道祖神は道を塞《ふさ》ぎ&道を開く男女の性神

明治期に、心ある人はわざわざ埋めて隠したという。これだけ立派だと、やはり…

道祖神は塞（さえ）の神、性神、猿田彦神、地蔵尊など、いろいろな神仏と習合している

かつては性器の付いた男女の神さまが村の出入口や辻などに祀《まつ》られ、男神は外部から侵入する魔物や疫病を防ぎ、女神は道行く人を迎え入れ、守ってくれていました。それが道祖神です。つまり自分たちの地域や、とくに地域内の子供たちを守り「子授け・子育ての神さまなんだな」、そこを行き交う旅人を守ってくれる神さまでした。

最近では男女の神が睦《むつ》まじく手を取り合う姿が人気です。こちらのほうが微笑《ほほえ》ましく、お上品ですから「これなら女子にも受けるよね」。他にも、ただの丸い石や道祖神と彫られた文字だけの碑もあります。

しかし今の都会には村境など見当たりません。ですから多くは神社や寺院の境内に合祀《ごうし》されて本来の役目を奪われています。また、子授けや子供の守護などから、地域によっては「道祖神は夜這いをする好色な神さま」と思われていますが、「こういうものはちょっと…」と、明治期に多くの男根像が、形が似て、やはり異界との境界を見張ってくれる地蔵像に替えられました。つまり村外れのお地蔵さまは道祖神の代わりなのです［お地蔵さんはおちんちんの代わりだったのか！］。

今はこのスタイルが
無難で人気

十八

ストーンサークルからも出てくる石神

これがストーンサークル（日本でも百八十カ所ほど見つかっている）に林立していたらさぞ壮観だろう

PHOTO：東京都世田谷区の氷川神社

石神（石棒、石剣）はいしがみとも呼びますが、しゃく（ぐ）じんなどとも呼ばれます。そして、ご想像どおり男根を表しています。石の男根を祀《まつ》ったものは金精《こんせい》さま、客人《まろうど》さま、おしわぶき（＝くしゃみ）さま、立石さま、道祖神などとも呼ばれ、信仰も複雑です（石《せき》から咳や風邪の神さまに発展していった例も見られます）。なかでもこの石棒、石剣は古代から祀られていました。武器だったとも儀式に使ったともいわれており、国内のストーンサークル跡（百八十カ所ほど見つかっている）から出土することもあります。東京都練馬区の石神井《しゃくじい》という地名は、井戸から石棒が出たことに由来するそうですが、その石棒は行方不明です。

男性器ばかりが神さまかというと、決してそんなことはありません［やっぱりね］。女性の陰部（や陰毛）はもともと呪力の強いものとして崇《あが》められてきた時代もありました。婦人病や子授け、子育ての神さまとして信仰された例もあります。

性に対する信仰は太古から人々の深層意識に流れていましたが、明治になって世界の目などを気にした知識階級の人々がこれらの多くを排除してしまったのです。

「女性」のほうは、何気なくひっそりと「立石大神」の向かいに野ざらしになっている

十九 長八による迫力満点の天鈿女命《あめのうずめのみこと》は巨乳の神さま？

東京、品川の旧漁師町の鎮守・寄木《よりき》神社の本殿は倉造りです。漆喰《しっくい》の扉には江戸～明治期の左官職人・名工「伊豆の長八」による漆喰細工（＝こて絵）が施されています。

描かれているのは天孫降臨の一場面で、向かって右扉に凄みのある猿田彦命《さるたひこのみこと》、左扉上部に瓊々杵命《ににぎのみこと》、その下に、ふくよかで色っぽい目つきの天鈿女命です［目つきだけじゃなく、む、胸が…］。この絵の場面は、天孫降臨の神々一行の様子を覗《うかが》う猿田彦命が天鈿女命の迫力に圧倒されているところで、その結果、猿田彦命は降臨の案内を買って出、後にこの二神は夫婦になるのです［圧倒されちゃったんだねえ］。

当社の縁起によりますと「日本武尊《やまとたけるのみこと》が東夷征伐の折、風雨激しく吹き荒れたため海神の怒りを鎮めようと弟橘媛《おとたちばなひめ》が海中に身を投じた。その船が砕けてその一部が寄り着いたものを祀《まつ》り、この夫婦神を祀った。故に寄木という」とありますので、ここには二組の夫婦神が祀られているのです。ゆえに夫婦円満を祈念するには、まことにふさわしいところといえましょう。

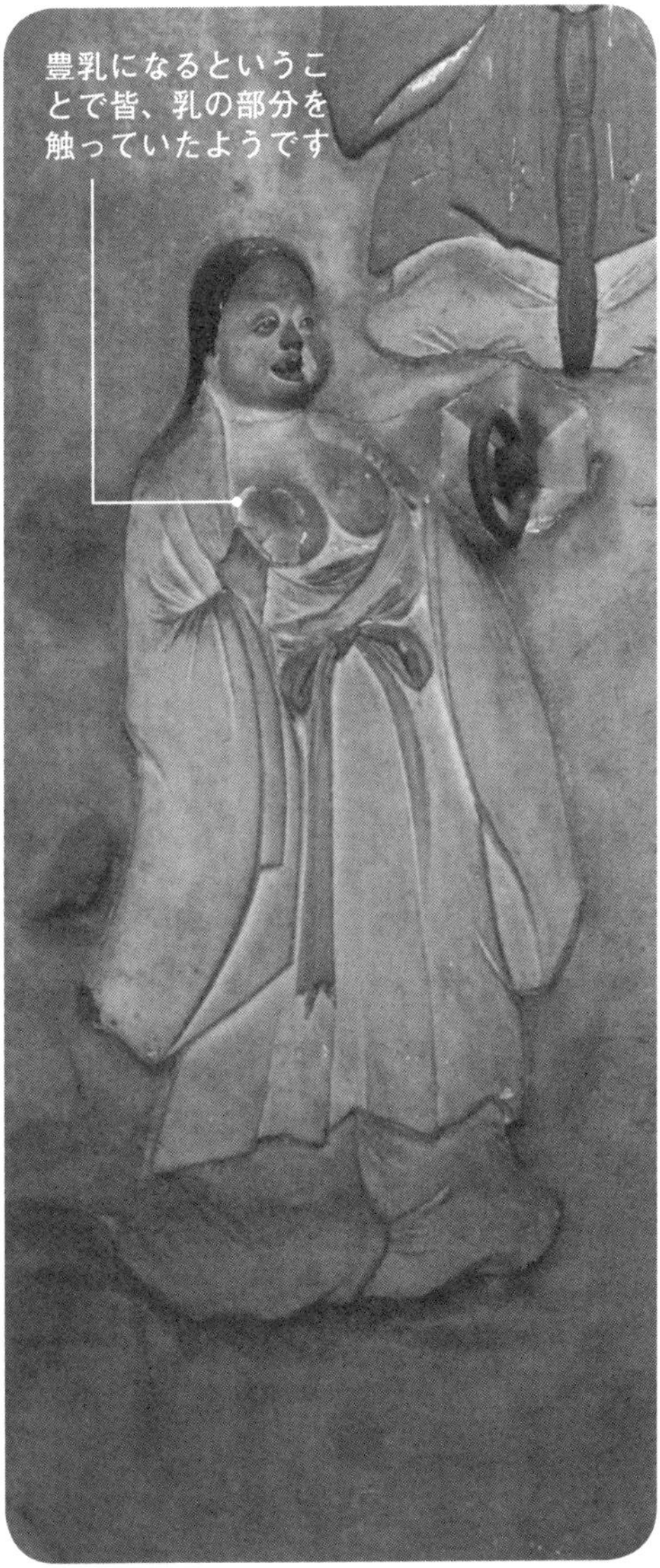
豊乳になるということで皆、乳の部分を触っていたようです

PHOTO：東京都品川区東品川の寄木神社社務所に声を掛ければ鍵を開けてくださり、間近で長八のこて絵を拝見できる

二十

不忍池《しのばずのいけ》の畔《ほとり》に立つ怪僧・髭《ひげ》地蔵の正体は？

役行者は池を見ているが、裏の男根側は弁天さまのほうを向いている

PHOTO：東京都台東区上野公園・弁天島の聖天島

気づく人は少ないようですが、上野公園の不忍池・弁天堂の脇に、石橋で繋がった小さな島・聖天島があり、鳥居と小祠《しょうし》があります。そしてこの島には立派な男根像が立っています［エッ、そんなのあったっけ？］。閉められた扉からでもこの石像は見えます。

蛇や龍を眷属《けんぞく》とする弁天さまからのサービスなのでしょう。巳《み》の日に限り扉が開かれますので正面が拝め、その姿を拝せば、石像が「髭地蔵」と呼ばれるわけがわかります。しかし、じつはこの人物、地蔵尊ではなく、修験道《しゅげんどう》の開祖といわれる「役行者《えんのぎょうじゃ》」なのです。右手に錫杖《しゃくじょう》を持っているので地蔵さまと間違えたのでしょうか。いずれにせよ問題は後ろ姿で、これは弁天さまへのサービスなのかもしれません。つまり髭地蔵は弁天さまをお慰めするエロ爺さんなのです［…って、いっちゃったけど、いいのかなあ］。

なぜなら江戸時代、池の周辺には出会茶屋（当時のラブホテル）が多かったようで、茶屋や色町の経営者が商売繁盛を祈念してこの石像を建てる一方で、弁天さまが恋人たちに焼き餅を焼かぬよう、裏側に細工を…との取り計らいだったのかもしれません［ちょっと強引な解釈だけど、そうかもね］。

二十一　田の神に祈る五穀豊穣は子孫繁栄と同じ

東京の池袋駅東口・池袋公園奥の水天宮には、立派な男根が四本並んで立っています。表は素朴な表情の「田の神さま」なのですが、裏に回ればそうと分かります［はい、よく分かります］。かつて私たち農耕民の概念では、畑の種まきを、畑は女性の子宮、種は男性の精子と捉えていました。また私たちのご先祖さまについては、亡くなったあと、時間が経って集合すると「山の神」になると考えていました。その神さまを初春（正月）に山からお迎えし、田畑の守り神・豊穣を司《つかさど》る神になっていただく、それが田の神です［分かりました］。田の神は手に杓文字《しゃもじ》や椀を持っています。ほかにも擂粉木《すりこぎ》や飯櫃《めしびつ》を持っている場合もあります。つまりこれは食、穀物、豊穣の神であることを表しているのです。ここでは背中が男根になっていることから、子孫繁栄、子授けの神でもあることは明らかです。

池袋も昔は田や畑だったのですね。裏側から見られるとヤバイので、頭を撫《な》でなさいとは申しませんが、脇を通る時は日頃飢えずにいられる感謝の気持ちを忘れずに念じてください［はい、よく分かりました］。

表側の４人の表情は、それぞれ知ってる誰かに似ている

素朴な笑顔の裏側は巨根なのだ

PHOTO：東京都豊島区東池袋の水天宮

二十二

荒川公園の「韓国モアイ」は子授けの神さま

帽子と鼻をなでると男の子が授かる
耳と口をなでると女の子が授かる

PHOTO：東京都荒川区の荒川公園（荒川区役所前）

韓国・済州島の守り神トルハルバン（石爺さま）は石で造られた元気なおじいさんです。

肩をいからせているわりに優しそうな、この「韓国のモアイ」は二体が対になり、お腹の前で右手を上にしているのが文官、左手上が武官。城門の前や村の入口、重要施設の入り口に置かれて、厄除け・疫病除け・平和をもたらす神さまです。

ちなみに子供を望む女性が像の

帽子と鼻をなでると男の子、耳と口をなでると女の子を授かるといいます［ほんとならスゴイけど］。

韓国伝統の帽子モジャをかぶった後ろ姿を拝見すると、なるほど、子授けのご利益があるのももっとも…と納得です。もともとは済州島・漢拏山《はるらさん》の山神さま（女神）を慰めるため、一七〇〇年代に造られたものだそうです［だから「元気なおじいさん」なんだ］。

高さ約二メートルの像は友好都市である韓国・済州島から贈られたもので、やはり済州島と姉妹都市である兵庫県・三田市（郷の音ホール横の広場）にもトルハルバンがあります。

二十三 祭りが性教育。教材は大注連縄《しめなわ》の雄じめと雌じめ

PHOTO：東京都荒川区奥戸の天祖神社

力強く立派な注連縄です。6メートルあります。かつて東京、荒川区の奥戸では「アクマバライ」と称して旧村内を担《かつ》いで回ったそうです。以前は「雄じめと雌じめ」があったそうですから「これがどちらか、いうまでもないですね」豊穣・子孫繁栄の願いを込めた祭りであることは間違いなく、また外部から侵入する悪霊を祓《はら》ったものでしょう。

祭りのクライマックスには男女の巨大な性器の交歓を演じて村中が大騒ぎしたことと想像できますが、今は恐らく「教育に悪い」などという理由で（想像です。しか

しそれだけ陽気にやれば性教育も不要か…と）雄じめだけが大注連縄と称されて、石柱にすまし顔で恭《うやうや》しく捧げられております［こころなしか少々寂しげです］。

本来は村はずれにこれ見よがしに置かれ、外部から侵入しようと様子を窺う悪霊を威嚇する道祖神の役目をする神さまだったはずでした。

これも時代の流れでしょうが、今は稲作が行なわれないため、稲藁《わら》は千葉県から調達しているそうです。

今は雄じめだけが恭しく祀られている

二十四

聖天さまの二股大根と巾着《きんちゃく》は歓喜の証《あかし》

浅草「待乳山聖天《まつちやましょうてん》（歓喜天）」のシンボルは二股大根と巾着です。境内でたくさん目につきます。白い大根はとくに女性の下半身を表し、二股大根が交差する「向かい大根」は男女の交接を表していると、すぐに分かります。寺院側では大根は身体の毒素を取り清浄にするなどと説いていますが、優等生すぎる答えです。だってご利益の第一は、縁結びや夫婦和合なのですから「誰でも、見た途端に分かりますよ」。

もともと聖天さまはインドでは極悪の

PHOTO：東京都台東区浅草の待乳山聖天　文政三年に奉納された大根の碑には「新吉原神楽講中」の文字

人肉食魔王でした。好物は女体。女体に化した十一面観音に一目惚れし、仏教に帰依《きえ》する条件で抱くことを許されました。この時の和合が叶った喜びの姿から「歓喜天」と名づけられたのです。

一方の巾着は「お金が貯まる」「財宝に恵まれる」などのご利益が謳《うた》われています。しかしこの巾着も、鬼子母神が好むという柘榴《ざくろ》（中に子が詰まっている）と同様、女体（＝子宮）を表しているのです。つまり人々は、歓喜天の好物を通して、良縁や子宝に恵まれるわけです［分かりやすいなあ］。ちなみに、同じく子だくさんで良縁と恋愛成就の神さまとして名高い大国主命《おおくにぬしのみこと》（大黒天）も、二股大根が好物で巾着がシンボルです。

巾着はお金のシンボルだが、本来は子宮（子宝）を表している

二十五 おまねぎ堂の神々が夜ごと催す怪しげなパーティー

「おまねぎ客人祭《まろうど》」と書かれた額が掛かったお堂の格子から中を覗《のぞ》くと、ひとかたまりに集まって、なんだか怪しげで楽しそうなパーティーでもしているように陰陽石［お尻も？］が祀《まつ》られています。ひとつひとつの形状は定かではありませんが、多くは自然石のようです［集まったんじゃなく、集めた人がいるんだよね。いやあ、ごくろうさまでした］。

「おまねぎ」とは「お招き」のことでしょう。客人祭ということは、お客様をおもてなしするというイメージです。お客様とは、本来は来訪する神々のことだと思われますから、このような陰陽石は「お招き様」「お客神様」「招客明神」などとも呼ばれたようです。当然、色街の遊女たちの信仰を集めました。天保年間まで、谷中、根津には「岡場所」があったのです。また一般庶民も、商売繁盛、家内安全、夫婦和合、子宝などを願いました。

解説が一切ないのが残念ですが、寺としてはあまりおおっぴらにしたくないのかもしれません［でも、隠したりしないのはエラい…かな？］。密やかなお堂の前には賽銭箱もありません。

PHOTO：東京都荒川区西日暮里の南泉院

二十六

全国にいっぱい「乳神《ちちがみ》さま」と「おっぱい観音」

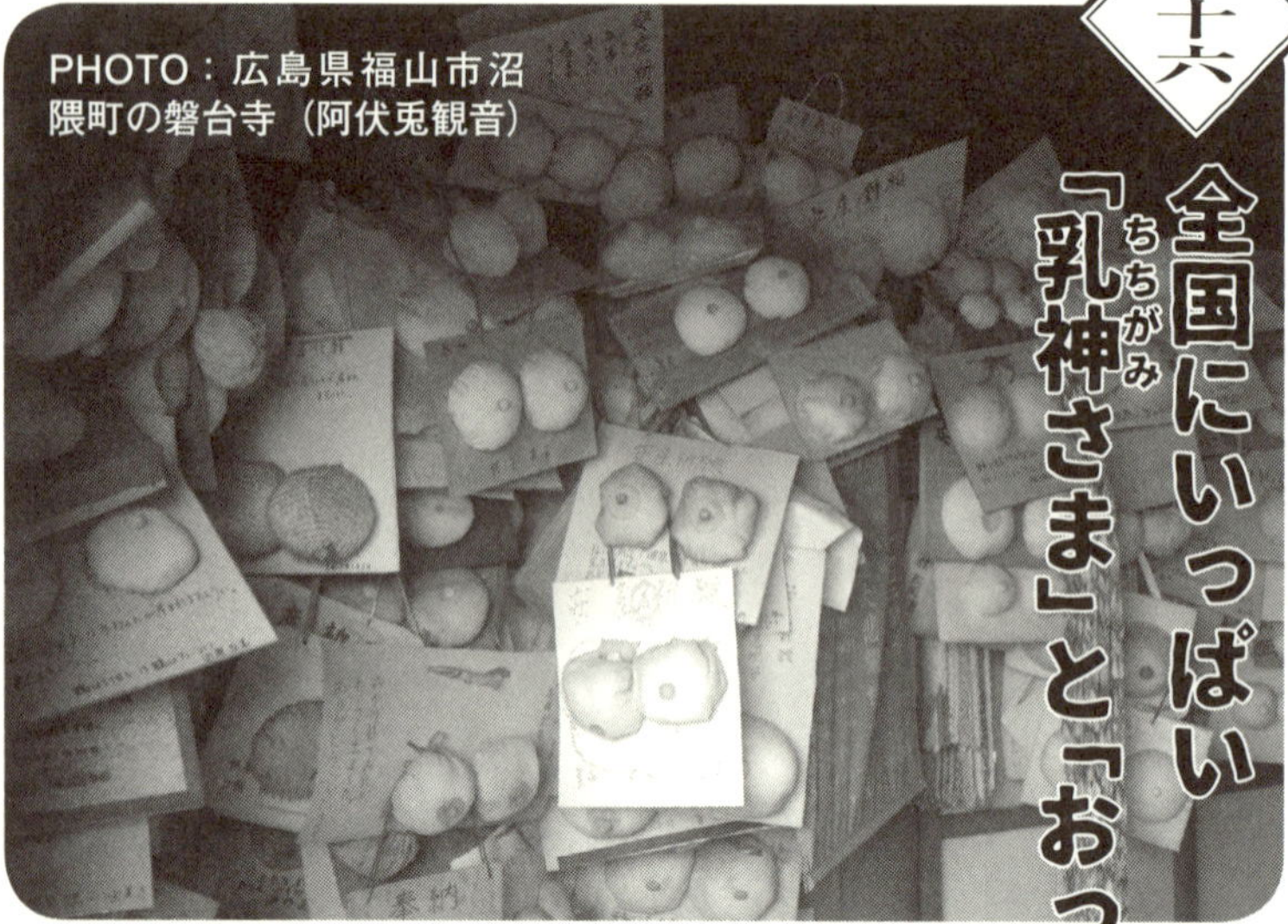

PHOTO：広島県福山市沼隈町の磐台寺（阿伏兎観音）

最近は乳がんを患《わずら》う女性も多く参拝に訪れるといいます。もともとは子授け、安産、育児、母乳分泌など、子育ての安寧や女性の健康を願う神さまです「いずれにしても、おっぱいは象徴的だものね」。

「乳神神社」は北海道十勝郡浦幌町の浦幌神社境内にあります。これは乳房のような二つのこぶを持つナラの老木を神格化したもので、乳授姫大神《ちちさずけひめのおおかみ》を主祭神としています。全国を見ると、「龍音寺・間々《まま》乳《ちち》観音」は愛知県小牧市にあり、手水舎《ちょうずや》に鎮座する観音さまは巨乳です。「女人高野・慈尊院」は和歌山県九度山に、「磐台寺・阿伏兎《あぶと》観音」は広島県福山市に、「軽部神社」は岡山県総社市に、「川崎観音」は山口県周南市で知られます。

一般的には乳房をかたどった絵馬を奉納します。多くは手作りですから、いろいろな形、素材のおっぱいが並んでいて、鑑賞・観察する身としては興味が尽きません［切り取られたカタチで見るのは、ちょっとコワイけど…］。関東では秩父札所四番・金昌寺の授乳姿の観音菩薩が有名です。

PHOTO：埼玉県秩父市山田の金昌寺
観音菩薩は女性というわけではないのだが、子育てのイメージと重なると、どうしても母性が前面に出る

III 動植物（妖怪含む）と石の神さま

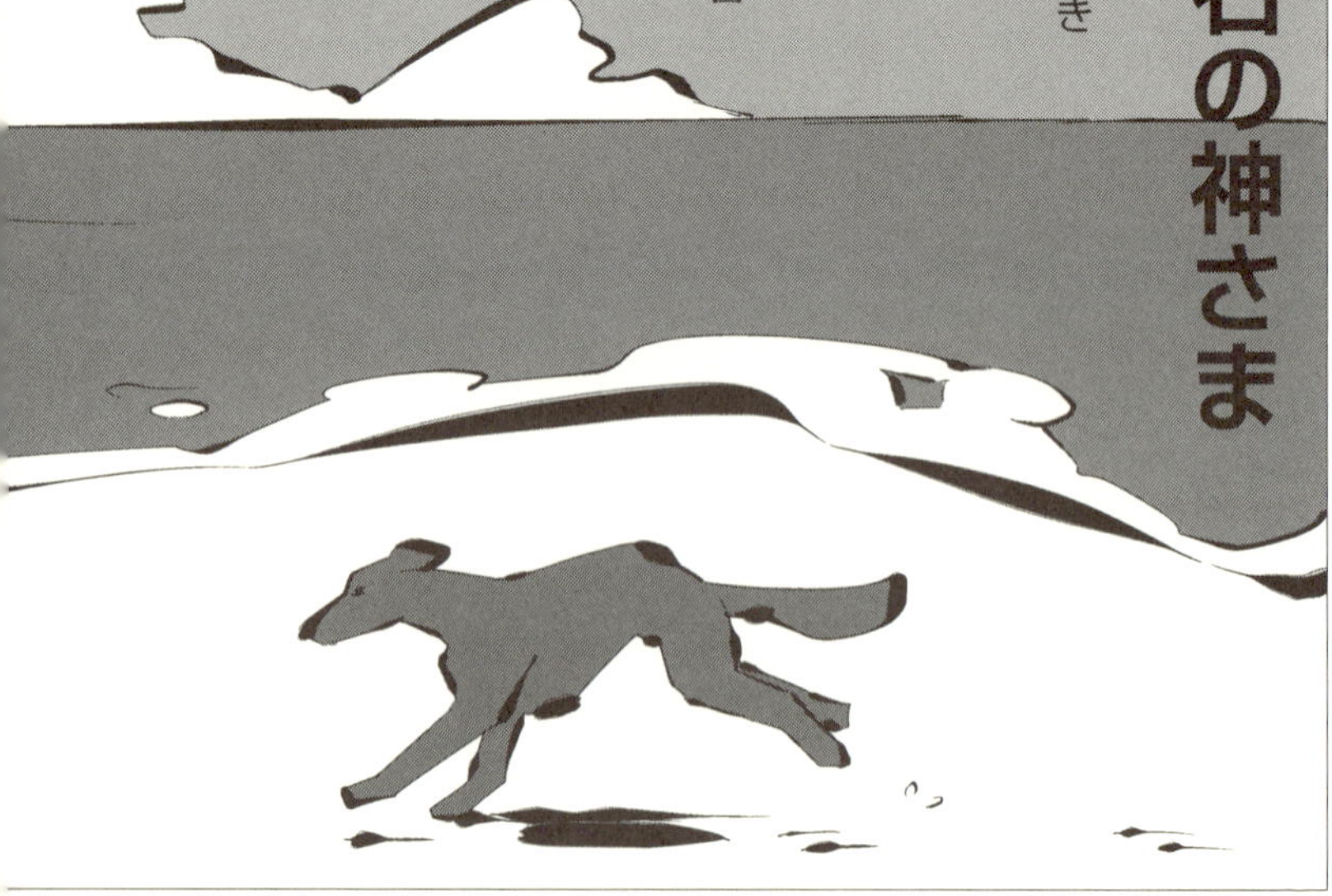

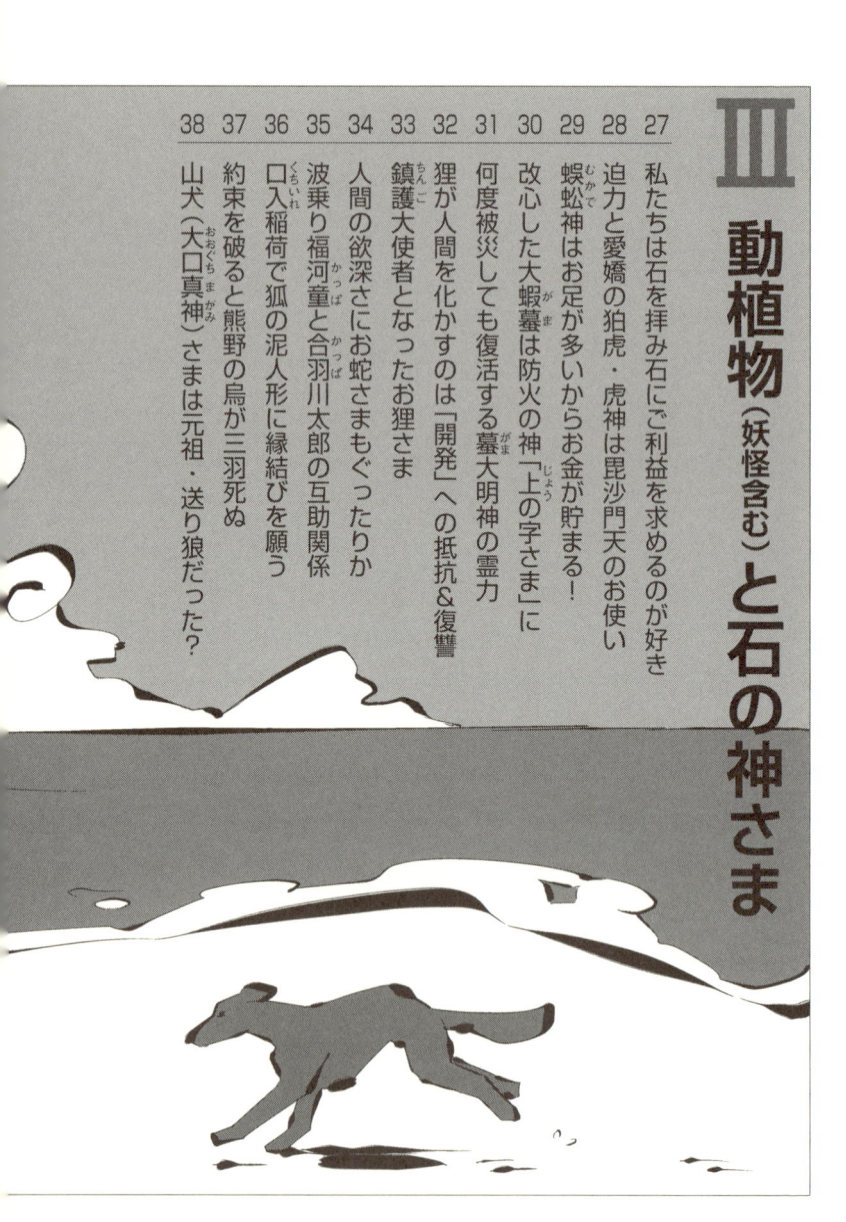

二十七

私たちは石を拝み石にご利益を求めるのが好き

変わった形態をしている、何かに似ている、神さまがその上に現れた、夜になると泣く、神話や歴史上の有名人が腰掛けた、手形や足形が残っている、人が禁を犯して石になった、とにかく巨大…など、何かと理由（由緒というべきか）をつけて、私たちはよく石を拝みます［あんまりご利益はなさそうなんだけど］。科学万能、ＩＴ時代の現代でもそのようないわれのある石は全国にあり、それだけでぶ厚い案内書ができることでしょう。ここでは東京にもある、ごく一部の霊石をご紹介。

「撫《な》で石（牛石）」は、源頼朝が、ここで菅原道真公が牛に乗っている夢を見て、覚めた後に発見したのが、

撫で石：東京都文京区春日の北野神社
知恵授けのご利益

その牛そっくりなこの石だということです「牛といわれれば、まあ牛に見えるかなあ」。この石を撫でると、望みが叶うということです。

影向石：東京都港区芝公園の幸稲荷・疱瘡神社　子供の熱病、夜泣きにご利益

「影向石《ようごういし》（御福良石《みふくらいし》）」は、高僧の夢に出てきた大明神が「社殿を再建すべし」とのたまったときに座っていたという石。

「あぶら石」は今でこそただの石ですが、「むしば祈禱石」の立て札あり。かつては油分で滑《なめ》らかだったそうですが火災に遭《あ》ってから普通の石に。ただ、その下には男女の首が埋まっているとも「虫歯・油・男女の首ってナニ？　謎の関係」。

油石：東京都中央区入船の桜川公園
歯痛にご利益

二十八 迫力と愛嬌の狛虎・虎神は毘沙門天のお使い

毘沙門天（多聞天）を祀《まつ》る寺院では、狛犬ならぬ狛虎が本堂を守っています。虎には勝ち運、魔除け、帰還成就などのご利益があるそうです。東京、南麻布の天現寺には二対の石虎が鎮座しています。山門に一番近い吽《うん》形《ぎょう》の虎は尻尾も途中で折れていますが、威厳を保とうと結んだ口とそこから覗《のぞ》く牙が、かえって可愛らしい［体に縞模様がないのも可愛さの一因だと思う］。しかし、神楽坂善國寺の虎像のほうが有名かもしれません。この阿吽《あうん》形の石

PHOTO：東京都港区南麻布の天現寺
結んだ口が波形になっており、なんだか可愛い

PHOTO：東京都新宿区神楽坂の善國寺　雨に濡れると迫力が増す

虎は嘉永元（一八四八）年に周辺の住民たちから奉納されたものです。台石、基壇部を含めると高さ二メートル以上になる立派なもので、台石にも虎の浮彫りが見られます。共に縞模様も確認でき、技術的にも優れています［京都・鞍馬寺の狛虎も有名だが、タイガースの本場、大阪はどうだろう？］。

毘沙門天は寅の年、寅の月、寅の日、寅の刻に世に現れた北方の守護神とされています［寅さんもそうかと思ったら違ってた。帝釈天だし］。七福神の一尊としても庶民に人気があり、俗説では吉祥天が妻ということになっています。もともと毘沙門天は強い神さまですから、その一族である虎神の出番はあるのでしょうか。

二十九

蜈蚣《むかで》神はお足が多いから お金が貯まる！

蜈蚣（百足）も虎と並んで毘沙門天のお使いといわれます。毒を持ち、触れたものには手当たり次第に噛みつく獰猛《どうもう》性があり、「前には進むが後退はしない」ため恐れられてきました［足が多すぎるからなのか］。戦国時代、武田軍の選抜隊だった「むかで衆」は、まさに蜈蚣のような勇猛さで前進することで有名でした。

一方、地域によっては銭神として信仰されており、「蜈蚣はお足（銭）が多いためお金が貯まる」とか「出足（客足）が増えて商売繁盛」といって、決して殺したりしないそうです［都合

埼玉県秩父市黒谷の聖《ひじり》神社
銭神の護符

よく考えるもんだね」。

しかし民俗学的には、むしろ鉱山・坑道の守護神として注目されています。鉱脈や坑道・支道の形が蜈蚣に似ていることからです。

またこれは中国からの伝承の影響ですが、蜈蚣は蛇の天敵だと思われていました。大蜈蚣と大蛇（龍）が山や島の覇権を争い［どういう戦いなのか、想像を絶するね］、いつも龍蛇が負けているのを、俵藤太《たわらとうた》、猿丸大夫、磐司磐三郎《ばんじばんざぶろう》などの勇者（弓の名人）の助けを得て大蜈蚣を退治するという伝説は各地にあります。ただ、この話が鉱山＝金と関係があるのかは不明です。

財布に入れておくとお金が貯まる？

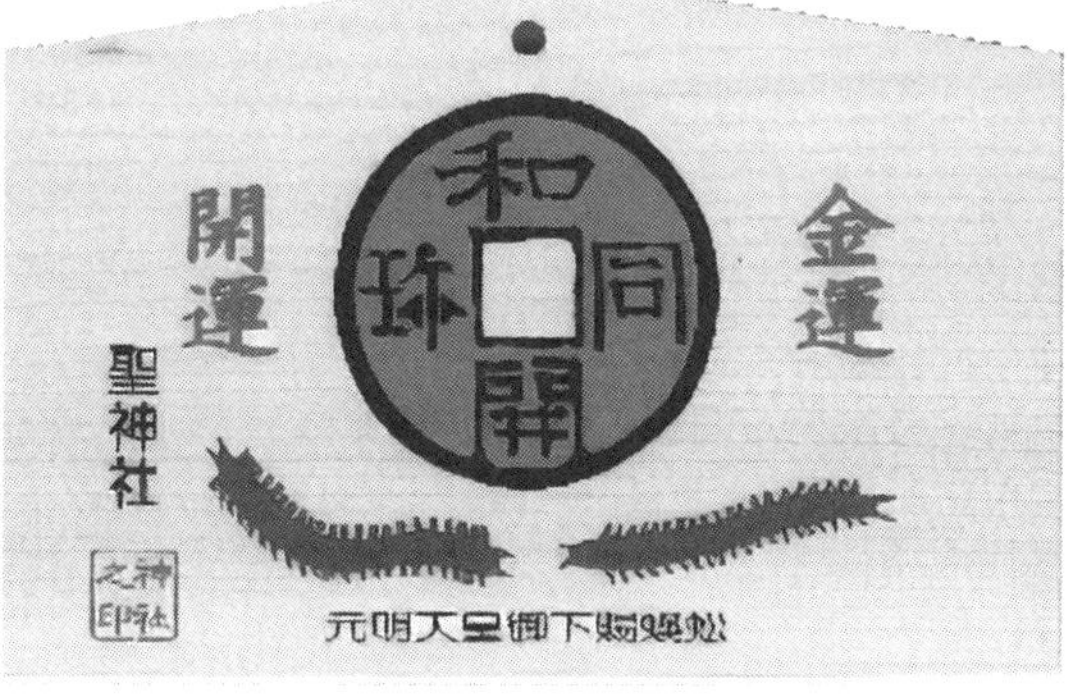

聖神社は日本で初めて自然銅が発見された秩父・黒谷の入口にある。その銅で和同開珎が鋳造された。ここのシンボルは雌雄の蜈蚣で、もちろん銅製

三十

改心した大蝦蟇《がま》は防火の神「上《じょう》の字さま」に

迫力満点の大蝦蟇には水をかけて祈念する。小蝦蟇は験のあった方が寄贈したのだろう

PHOTO：東京都港区麻布十番の十番稲荷境内

江戸・元麻布の山崎主税助《ちからのすけ》治正の敷地内、「蟇池《がまいけ》」の主であった大蝦蟇はある時、二人の家臣に毒気をあてて殺してしまいました［カエルに殺される家臣って…］。怒った治正が池の水を抜いて［早く、ＴＶを呼ばなきゃ！］大蝦蟇を退治しようとすると、夢枕に立ち、詫びを入れて命乞いをし、今後は火災から屋敷を護《まも》ると約し、さらに火傷の薬を伝授したといいます。

そこで池の畔に小祠《しょうし》を建て祀《まつ》ったところ文政四（一八二八）年の大火の時に、この大蝦蟇が現れて水を吐き、この邸だけが類焼を免れたのです［約束を守る律儀なやつなんだ］。その後、「蝦蟇の霊」は合祀《ごうし》されたり、遷座《せんざ》（神さまの引っ越し）の末、麻布十番稲荷に移り、かつて山崎家で配布していたという「上」の一字を書いた護符も復刻されました。

近年は、防火・火傷治癒のご利益に加え、無事にかえる、失くしたものがかえる、若がえるなど「かえる」の神さまにもなっているそうです。

この護符は現存する蟇池の水を使って作られているそうだが、池は埋め立てられて小さくなり、（マンション群に囲まれた）私有地のため、見られない

三十一

何度被災しても復活する 蟇《がま》大明神の霊力

PHOTO：東京都台東区松が谷の本覚寺

もともと蟇は山の霊気を吸うため、霊力を持つと考えられていました。道教の蟇仙人はそのパワーで妖術を使っていたそうです。

この「蟇大明神＝蛙蟇塚碑《がまづか》」の小さなお堂には蟇の焼きものが溢れるほど奉納されていますᅟ[石ころかと思った、ごめん]。もともとは天保年間（一八三〇〜四三）、秋山某なる人物が家業の助け神として「蛙蟇塚」を建て、代々信仰していましたが、その後、大正の関東大震災で当地は焦土となり、碑も行方不明になりました。ところが墓守の関某という人物が霊感を得てこの碑を探り出し、小堂に祀《まつ》りました。またその後、昭和二十（一九四五）年の東京大空襲でも破壊・紛失しましたが、なぜかこの蟇塚を崇《あが》め、復興する人物が現れて現在に至っているのです。つまり度重なる大災害で行方不明になっても、必ずそれを復興する人物が現れるのです[その地へカエルんだよね]。

それで人々はこの大明神になんらかの潜在的威力、霊力を感ぜずにはいられなくなりました。現在はなぜか花柳界、歌舞伎演劇界、映画芸能関係などの人気稼業の人たちに信者が多いそうです。

三十二

狸が人間を化かすのは「開発」への抵抗&復讐

狸だから「他を抜く」といったシャレから、狸は合格、勝利祈願、金運向上の神さまになっています［合格できるなら、狸だって拝みます！］。お狸さまは狐に比べると愛嬌あるキャラクターで多少親しみやすいようですが、子狸の敵討ち（誓願寺）とか、汽車に化けて人を驚かしたり（見性寺）とか、いろいろ悪さをしたようです。ただ狐狸に関して多くの場合共通していることは、彼らは人間の土地開発への抵抗勢力だったということです。江戸の各地に残る七不思

狸札《ふだ》。上の梵字《ぼんじ》は阿弥陀三尊を表す

議の現象も、動物や妖怪たちの人間への復讐だったと考えて間違いないでしょう［開発され尽くした今は、そんなこともなくなったんだね］。

江戸時代以前、隅田川の多聞寺一帯はさびしい河原で、そこに松の大木があり、洞《ほら》に妖怪狸が棲みついていたといいます。和尚と村人たちは、そこにお堂を建て妖怪たちを追い払いました。すると大地が轟き、空から土が降ってくる怪異が起きたので、和尚は毘沙門天を一心に拝んだところ、翌朝、二匹の狸がお堂の前で死んでいました。それで和尚と村人たちはこれを憐れみ、狸塚を築きました。それが多聞寺の狸塚です［文字通り「最後の抵抗」だったんだ］。

狸像の定番「酒買いタヌキ」は十八世紀後半の信楽焼が起源といわれる。足と見まがう大陰嚢（「八畳敷」といわれる）も特徴

PHOTO：東京都墨田区墨田の多聞寺　愛嬌のある酒買い招きタヌキだが眼光は鋭い

三十三

鎮護《ちんご》大使者となったお狸さま

PHOTO：東京都台東区浅草の鎮護堂　現在は火除け、盗難除け、商売繁盛などのご利益を謳（うた）う

本殿の前に「招きタヌキ」。しかし今は撮影不可で、本殿にカメラを向けると堂守の女性が飛んでくる。手前の拝殿で拝むシステムになっている

もちろんその理由は「鎮護堂」の名前にあるわけですが、「おたぬきさま」はかつては遊郭と縁の深い神さまでした。また境内には、たぬきとも呼ばれた「太鼓持ち」の幇間《ほうかん》塚、（またの名「たぬきづか」）もあります［たぬき尽くしだな］。しかしもともとは、上野山の戦禍（戊辰戦争）から逃れてきた狸たちが浅草に棲みついた結果、祀《まつ》られることになったのですから、これもやはり人間たちに追い出された結果なのです。

かつて伝法院裏に住んでいた浅草寺の用人で、もと侍だった大橋亘という人の家の縁の下に狸たちが棲みつき、天井から石を落としたり、来客の下駄を鍋に入れたり、座敷に砂や木の葉を撒《ま》いて悪戯《いたずら》をするようになりました。さらに狸は大橋家の娘に憑《つ》き「わらわは浅草のおタヌキさんだよ」などと口走り、屋台の蕎麦《そば》を二十杯も食べたということです［キツネ憑きはコワイけど、タヌキ憑きはちょっとタノシイな］。

そんなある夜、浅草寺の唯我韶舜《ゆいがしょうしゅん》大僧正と上野寛永寺の多田孝泉僧正の夢枕に狸が同時に立ち、「我に住処を与えれば火伏（火防）の神となろう」といったので、さっそく両僧正はこの狸神に「鎮護大使者」の名を与えました。これが鎮護堂のはじまりです。

三十四 人間の欲深さにお蛇さまもぐったりか

この宝珠院「お蛇さま」のご利益は、金運、開運出世、巳成《みなる》金《かね》（＝実の成る金）、無事故などですが、他にも（解説によりますと）無病息災、病気回復、宝くじ当選、試験合格、学業向上、事業達成、縁結びなど、ご本尊や境内に祀《まつ》られる閻魔王をはじめとする他の神々顔負けの御利益が謳《うた》われているのです「ほかの神さま拝まなくても、ここで済んじゃうってことね」。その上「本院安置のお蛇さまは、はるか昔より霊験

PHOTO：東京都港区芝公園の宝珠院

厚く今までに数多くのお礼の手紙等が寄せられている」とあります。さらに「一六八五年の宝珠院建立《こんりゅう》時、既にあり、芝の古老の語り継ぎによれば室町時代まで遡《さかのぼ》ることが出来る」とは大した歴史です。その頃から皆が撫《な》でてきた割には摩耗《まもう》が少ないので何代目かと思われますが、ありがたさに変わりはないのでしょう「ていうか、あまり撫でたくないんじゃないかな」。この「お蛇さま」、もともとは左右に二体あったのではないでしょうか（左の矢川辨財天の写真参照）。つまり狛犬ならぬ狛蛇です。それで万能のご利益を謳われた上、連れ合いまでなくし、ひとりで超過勤務、さすがのお蛇さまもいささかお疲れ気味に見えます。

PHOTO：東京都立川市羽衣町の矢川辨財天　狛蛇（向かって右の一体）

三十五

波乗り福河童《かっぱ》と合羽《かっぱ》川太郎の互助関係

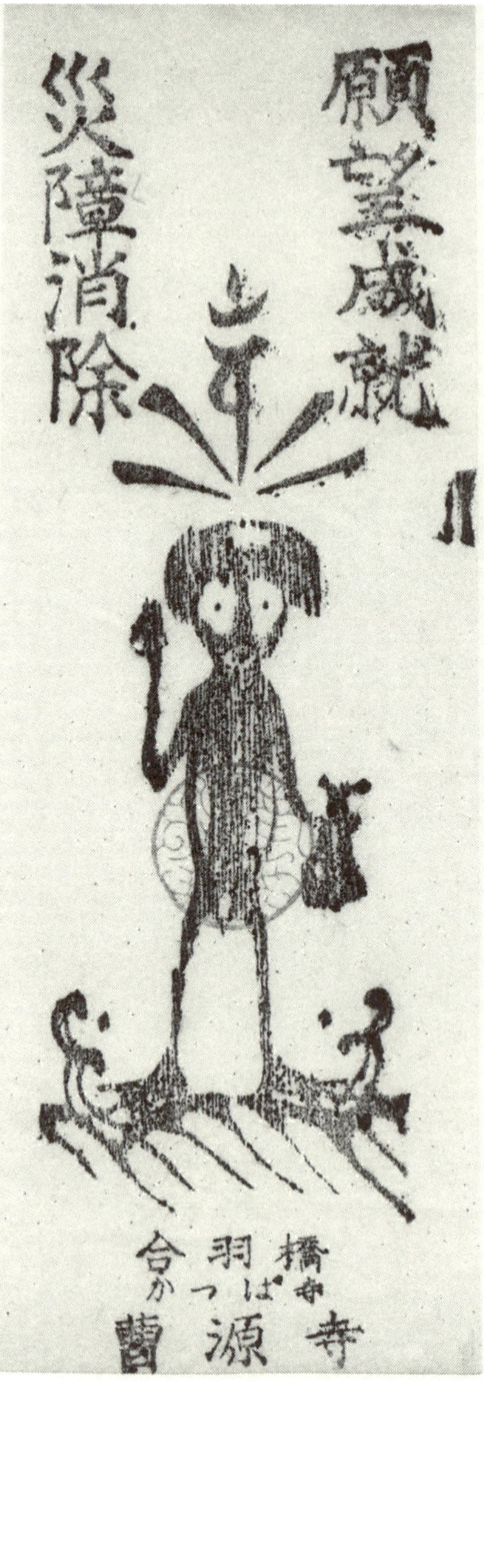

東京都台東区松が谷の曹源寺は通称かっぱ寺と呼ばれる

波乗り福河童は、かっぱ橋本通りの曹源寺・通称「かっぱ寺」に鎮座しています。また波乗り河童大明神堂の中を覗《のぞ》くと、ガラス越しに「河童の手」のミイラが見えます［まさか！ 本物ってこと?］。

　そもそもこの地域では、合羽川太郎（合羽屋喜八）という実在したらしい人物が、私財を投じ、水気の多い近辺の排水のための堀割工事に取りかかったものの大変な難工事となったところへ、かつて喜八に命を助けられた隅田川の河童たちが夜な夜なやって来て工事を手伝い、無事完成したということです［律儀な河童の恩返し伝説なのか］。これが、合羽橋道具街通りの下を流れる新堀川（今は暗渠）です。

ちんちんを立てた夫とグラマーな奥さんの夫婦河童。もちろんお供え物はきゅうり

　大明神堂の前には夫婦河童の石像があり、奥さん河童はグラマーで、旦那河童のちんちんはピョコンと立っています。お供え物はもちろんキュウリ。その石像の後方には合羽川太郎の墓といわれる墓標が立ち、「てつへんへ手向けの水や川太郎」という句が添えられています。この墓の上部には凹みがあり、頭の皿になっているのも愛嬌です［いいね！ 芸が細かい］。また、近くの合羽橋道具街通りには、商売繁盛を祈るシンボルの金ピカ「かっぱ河太郎」像が立っています。

三十六

口入《くちいれ》稲荷で狐の泥人形に縁結びを願う

PHOTO：京都府伏見の荒木神社（口入稲荷）

口入れとは、紹介・斡《あっ》旋《せん》のことで、江戸時代には口入宿、口入屋などの商売がありました。それが転じて口入＝縁結び、仲人《なこうど》などの意味になっています。口入稲荷は京都伏見にもありますが、東京の口入稲荷は新吉原の口入宿・高田屋の庭内にあったものです。

当然、客や身請《みう》けの旦那を求める遊女の信仰も篤《あつ》かったと考えられます。それがある夜、高田屋主人の枕元に口入稲荷大神が現われて「信徒衆に一層のご利益を授けたいので、玉姫神社境内に移すように」との託宣《たくせん》をしたといいます［そのココロは？ 販路拡大ってことかな］。

その祈念法がなかなかオツで、神社で雄か雌どちらかの狐をもらい受け「私の願いが叶ったらあなたにもよい伴侶を授けましょう」と拝む。それで狐は願い主のために一生懸命かけずり回るというわけです。願い事が叶ったらこの狐を連れて再び神社へ出向き、相方の狐を添えて奉納するのです［「お返し」というか、なんとなくいいことしているような感じ］。この狐は今戸焼きで、ごらんのように、民芸品としても味があります。

PHOTO：東京都台東区清川の玉姫稲荷（口入稲荷）

三十七

約束を破ると熊野の烏が三羽死ぬ

熊野三山の牛王《ごおう》神符には、熊野権現のお使いである烏（八咫烏《やたがらす》）文字が書かれています。熊野本宮大社、那智大社、速玉《はやたま》大社を熊野三山といい、それぞれ微妙にデザインは異なります。下の速玉大社のものは「熊野山宝印」と書かれているそうですが、まあ読めません［でも、デザイン・センスはすごい！］。

和歌山県新宮市新宮・速玉大社の護符。
四十八羽の烏文字で書かれている

お札《ふだ》ですから、これだけでも火難や盗賊除け、乗り物酔い、病気平癒などのご利益がありますが、特徴的なのは、この裏面を起請文《きしょうもん》（契約書）に使ったことです。つまり熊野権現に対して約束するわけで、約束を破ると熊野の烏が三羽死に［黒い烏も真っ青だな］、本人も血を吐いて死ぬのです。

当初は武将同士や主従間で交わされました。しかしやがて遊び人と遊女の間でも使われるようになり、有名なところでは高杉晋作が「三千世界の烏を殺し、ぬしと朝寝がしてみたい」と唄ったといわれています。熊野修験者や熊野比丘尼《びくに》などが熊野権現の霊験を説いたり、牛王符を売りながら［ついでに春も売ったらしいね］全国を回るようになって、入手がお手軽になったのです。

熊野那智大社の神紋
三本脚の八咫烏と梛《なぎ》の葉、下は沸き立つ雲か

三十八

山犬（大口真神《おおぐちまがみ》）さまは元祖・送り狼だった？

PHOTO：東京、武蔵野市中町の御嶽神社
犬に見えるけど狼

この狛犬、首回りがスッとしていて全体的に細身。一見、普通の犬のようにも見えますが、ひょっとして狛犬ではなく、山犬（狼）かもしれません。神社の名前を確認してみてください。御嶽《みたけ》神社、三峰神社など、山岳信仰関係ですと、それはおいぬさま（大口真神）で、じつは狼なのです。

今でこそ鹿や猪、猿などの

獣害が話題になっていますが、彼らが里に出てくるのを防いでいたのは絶滅してしまった狼だったのです［ニホンオオカミ、ほんとに残念!］。はじめに狼を山の神（またはそのお使い）として祀《まつ》ったのは山岳修験者《しゅげんじゃ》ですが、里の人々も作物を守る神として、また時として家畜や人を襲うため、恐れ崇《あが》めてきました。

そんな狼が、今でも盗難除け、魔除けの神として、大都会・東京のど真ん中（渋谷）に祀られている例もあります［お、知っていると自慢できそう］。

普通は山岳信仰の神社は山にありますが、昔、山までお札を受けに行って「紙切れだけでは物足りない」と余計なことをいった参拝者に、帰り道、山犬が見えつ隠れつ従《つ》いてきたという話があります。それこそ本物の「送り狼」です。

東京都渋谷区・御嶽神社の護符　御嶽神社は宮益坂・渋谷郵便局の隣。阿吽の狛狼像もある

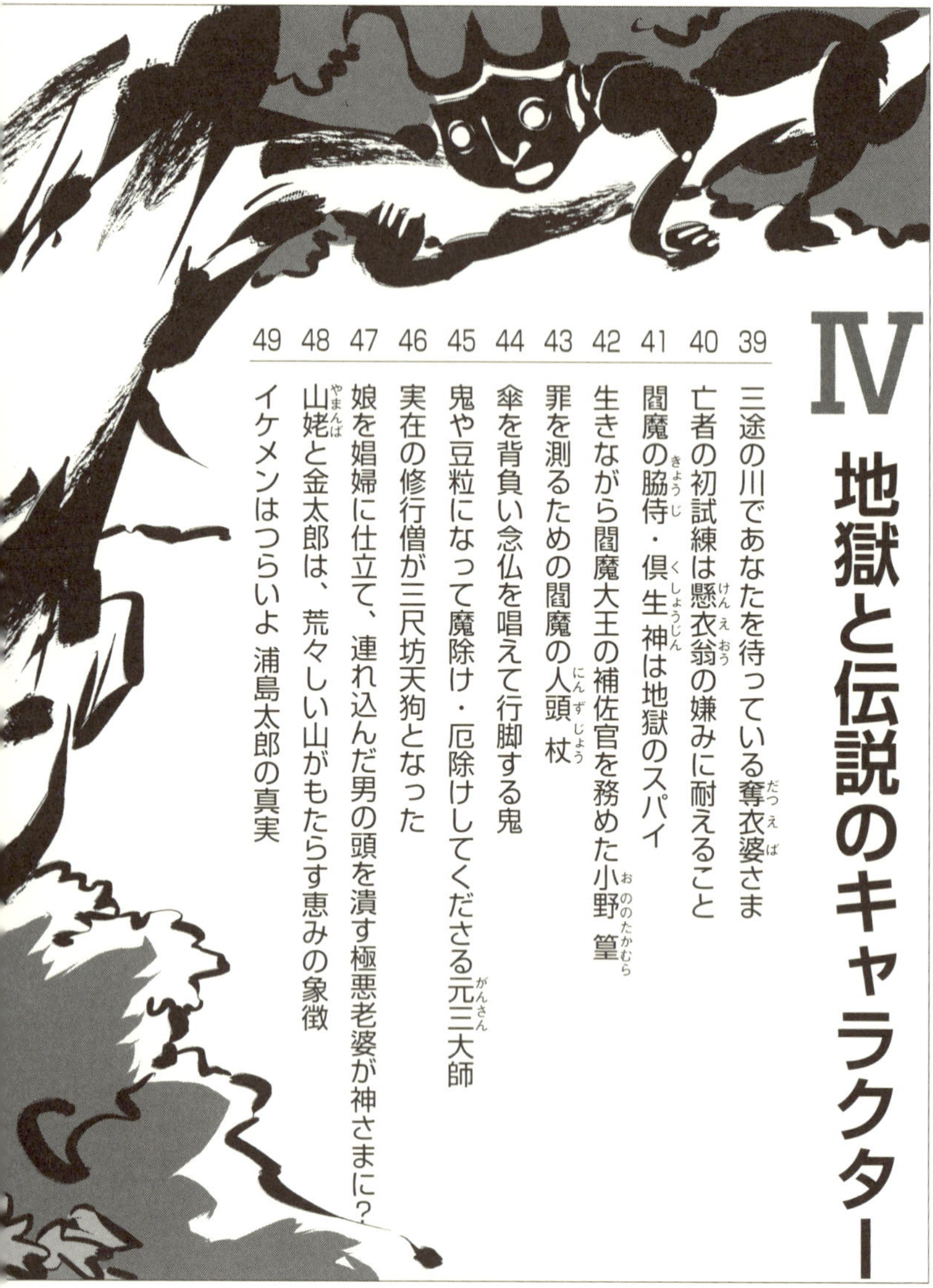

Ⅳ 地獄と伝説のキャラクター

三十九

三途の川であなたを待っている 奪衣婆《だつえば》さま

この目、口、乳房、立膝…奪衣婆の典型的な決めポーズ

愛嬌のある？ 閻魔さまの石像。こちらが奪衣婆さまがいる「精霊堂」の主

PHOTO：東京都目黒区下目黒の目黒不動尊「精霊堂」（地蔵堂の奥）

死んで三途の川を渡る前か後（諸説あります）、あなたは奪衣婆に衣服を剝《は》ぎ取られます。ペアを組んでいる懸衣翁《けんえおう》がそれを受け取って衣領樹《えりょうじゅ》の枝に掛けると、罪の重さにしたがって枝がしなる…というコワイことになっています［そうなんだ…］。

しかし、品性のない意地悪そうな表情、萎《しな》びた乳房と片立膝ポーズの奪衣婆は、じつは江戸の昔から人気の高い姥神《うばがみ》さまで、安産や子育てなど母と子の守護神として、東北から関東・東海にかけて、よく知られています。山の入り口や登山道の途中などに祀《まつ》られた像には、いわば「聖と俗」「山という異界」の境界を示す役割もあるのです［そうなのか…］。

宿場町でも祀られている場合が多く、人の服を剝ぎ取ることから飯盛《めしも》り女（宿場の娼婦）からは商売繁盛の神としても信仰されました。各地の地蔵堂では度々この婆だけが盗難に遭《あ》うこともあり、隠れ奪衣婆オタクがいるようです。M男君かもしれません［そうかも…］。

それにしても、この閻魔さまと奪衣婆さま、ずっと一緒にいるせいか、よく似ていますね。

四十 亡者の初試練は懸衣翁《けんえおう》の嫌みに耐えること

懸衣翁は、いわばパートナーの奪衣婆《だつえば》に比べると存在感が薄くあまり知られていません。つまり祀《まつ》られるケースが低い分だけ認知度も低いのです。

前項にあったように、奪衣婆が剝《は》いだ亡者の服を衣領樹《えりょうじゅ》の枝に掛けるのが懸衣翁の務めですから、亡者のあなたに直接触れることもなく、さほど恐れられもせず、樹上の仕事とはいえ楽すぎると思われます［給料も安いのかな］。せいぜい「おまえさんの罪はだいぶ重いな、へっへっへ」と死んだばかりのあなたに嫌味をいって脅す程度です。すっかり嫌な気分になったあなたはその後も四十九日間、閻魔王をはじめとする十人の王に裁き続けられますが、新米亡者にとっては［新米じゃない亡者っているの？］この三途の川辺が最初の試練の場になるわけです。

懸衣翁と奪衣婆は共に十王の下で働く獄卒（地獄の鬼）なのですが、なぜか奪衣婆のほうは十王のトップ・閻魔王の隣に祀られることも多い（前項の目黒不動尊『精霊堂』も）。まるでこちらの二人がもとからのパートナーのようで、これは懸衣翁にとっては、ただならぬ事態です［というような問題か？］。

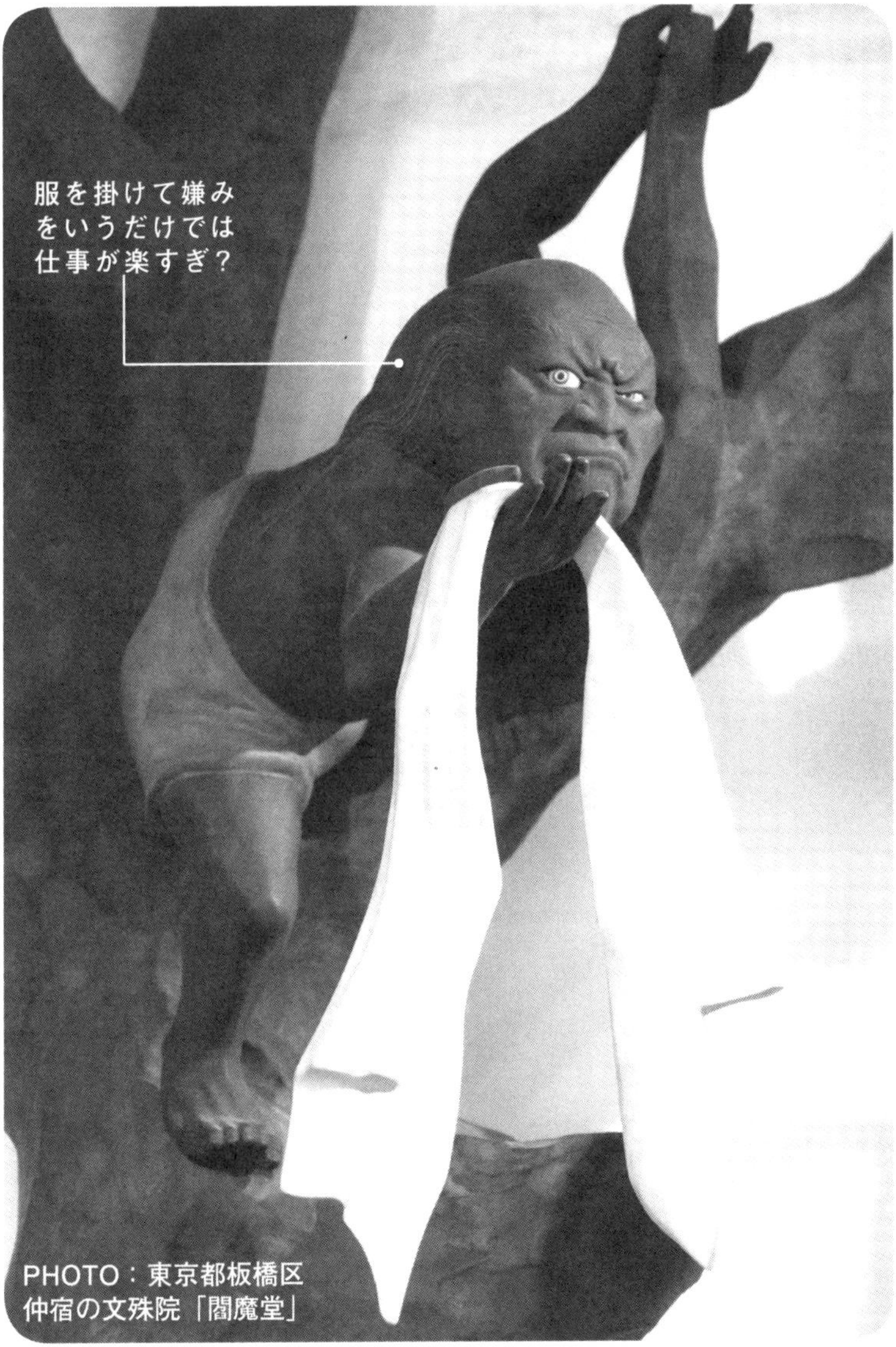
服を掛けて嫌み
をいうだけでは
仕事が楽すぎ？

PHOTO：東京都板橋区
仲宿の文殊院「閻魔堂」

四十二

閻魔の脇侍《きょうじ》・倶生神《くしょうじん》は地獄のスパイ

どちらかが女神だとしてもその区別はわからない。かえって現代風かも

PHOTO：東京都台東区谷中の長久院

この閻魔王は「笑い閻魔」と呼ばれています。もともとは眼と口をカッと開いて罪人を恫《どう》喝《かつ》していたはずなのですが…［いまや人間を嘲笑《あざわら》ってる?］。両脇に立つのは倶生神で、閻魔さまの判決を読み上げているのが司命《しみょう》、筆で閻魔さまの判決を書き付けているのが司録《しろく》。地獄絵などでは共に男神の場合が多い。

しかしこの書記官に関しては異説もあります。それは、この神は男女一対の双子で（男性のほうは同名《どうみょう》、女性は同生《どうしょう》と呼ばれ）、人と一緒に生まれると、その人の肩に乗って、昼夜の別なく一生の善悪を逐一記録し、その人が死ぬと閻魔王に報告するというのです［そんなシステムになっているとは…］。

左肩に乗った同名はその人の善行を、右肩に乗った女神の同生はその人の悪行を記録します。四六時中私たちを見張っていてその行動を記録し、最終的に閻魔さまにチクるとは、何気ない顔で乙に澄ましているところが憎い［ほんと］。

複雑なことに、この司命・司録と同名・同生は今では習合してしまい、同じ神と思われています。

四十二
生きながら閻魔大王の補佐官を務めた小野篁《おののたかむら》

京都市東山区、六道珍皇寺の小野篁像　この像は本人作とも伝えられる（ＪＲポスターより複写）

小野篁は平安初期の大天才にして大奇人。昼は参議として朝廷に出仕し、夜は閻魔庁へ勤めていたといわれる男です［副業…なんだろうか？］。

嵯峨天皇に睨《にら》まれ隠岐に流されても動じません。その時詠《よ》んだ歌が「わたの原　八十島かけて漕ぎ出でぬと　人には告げよ　あまのつり船（大海原へ島々を抜けて漕ぎだすよ　釣り人達よ京の人々にそう伝えておくれ）」（小倉百人一首・参議篁）です。

召喚された後、洛中の「無悪善」と書かれた落書きを読めと嵯峨天皇に命じられ「悪さが無くば、善けん（嵯峨天皇がいなければよいのに）」と答えたり、「子子子子子子子子子子子子」を読めと命じられ、即座に「猫の子の子猫、獅子の子の子獅子」と読みました「なるほど天才！」。

篁が夜ごと地獄へ通うために出入りしていた井戸が京都東山の六道珍皇寺や嵯峨の福正寺にあり、地獄へ落ちた公家や紫式部たちを蘇生させたという話もあります。一方、異母妹との恋愛談や大臣の娘への求婚談なども語られており、悲恋や失恋などもしていることを知ると、人間らしくて、やっと親しみが持てます。そうそう、ちゃんと亡くなっています「もちろん、地獄に行ったんだよね」。

珍皇寺に下がっている提灯「あの世への入口」とある

四十三

罪を測るための閻魔の人頭杖《にんずじょう》

人頭杖というには杖部が太すぎるが石像ゆえ仕方なし。元禄三年の銘あり

PHOTO：東京都練馬区大泉の教学院

檀《だん》拏《だ》幢《とう》とも呼ばれます。これは地獄で閻魔さまが使う杖なのですが、脇に立っているだけで自立しており、その上に「見る目」「嗅ぐ鼻」と呼ばれる男女の頭が乗っています（男女が別々の杖になっている場合もある）。赤い顔の男性は泰山府君《たいざんふくん》、白い顔の女性は黒闇《こくあん》天女といわれ、罪が重ければ憤怒の男性の口が火を噴き、善行が勝れば柔和な女性の口から芳香が漂うといわれています［違いすぎる！］。周囲には「業《ごう》の秤《はかり》（罪状を測る）」や「浄玻璃《じょうはり》の鏡（生前の行為が映し出される）」などもあり、檀拏幢と併せてセットになっています［ようできとる］。

死んだ人は三途の川で奪衣婆と懸衣翁に罪の重さを測られたにもかかわらず、ここでも閻魔大王をはじめとする十王に一週間ごと七回もの厳重な裁きを受けなければなりません。この期間がいわゆる四十九日というわけです。葬式で「今はゆっくりお休みください」などとお悔やみをいわれても、亡者にとってはそれどころではないのです［死ぬの、イヤになるなあ］。

「黒闇（暗闇）天女」の御影《みえい》（東京都文京区春日・北野神社）

四十四
傘を背負い念仏を唱えて行脚する鬼

PHOTO：東京都目黒区八雲の東光寺

鬼といえども
雨は苦手？

大津絵の題材で人気のある「鬼の念仏」は、本来恐ろしいはずの鬼が鉦《かね》を叩き念仏を唱えながらお布施《ふせ》を請《こ》うて歩くというユーモラスな絵ですが、これは形だけの善行や偽善を風刺した絵として人気がありました［ああ、そういう意味か］。左手に奉加帳、右手に撞木《しゅもく》を持ち、傘を背負っています。片方の角《つの》が折れてしまったものなどもいます。

東京、目黒区八雲の東光寺で、この行脚《あんぎゃ》している鬼の像（右の写真）を発見しました。足が封じられてこれ以上歩けないようですが、なぜか夜泣きに効果があるということです［泣く子はいねがあ?のナマハゲみたいなものかな］。

鬼を祀《まつ》る寺社は多くありませんが、一般によく見かける庚申塔の青面《しょうめん》金剛や四天王像が踏みつけているモノは鬼（邪鬼）です。彼らは地獄の獄卒や豆撒《ま》きの悪役としてばかりでなく、魔除けの鬼瓦として、役行者《えんのぎょうじゃ》の従者として、重いものを支える労役役としてなど、注意して観察すると案外私たちの近くに見ることができます［いずれにしても神さまの「身内」ではあるようだね］。

大津絵の鬼：大津市歴史博物館発行『大津絵の世界』より転載

四十五

鬼や豆粒になって魔除け・厄除けしてくださる元三《がんさん》大師

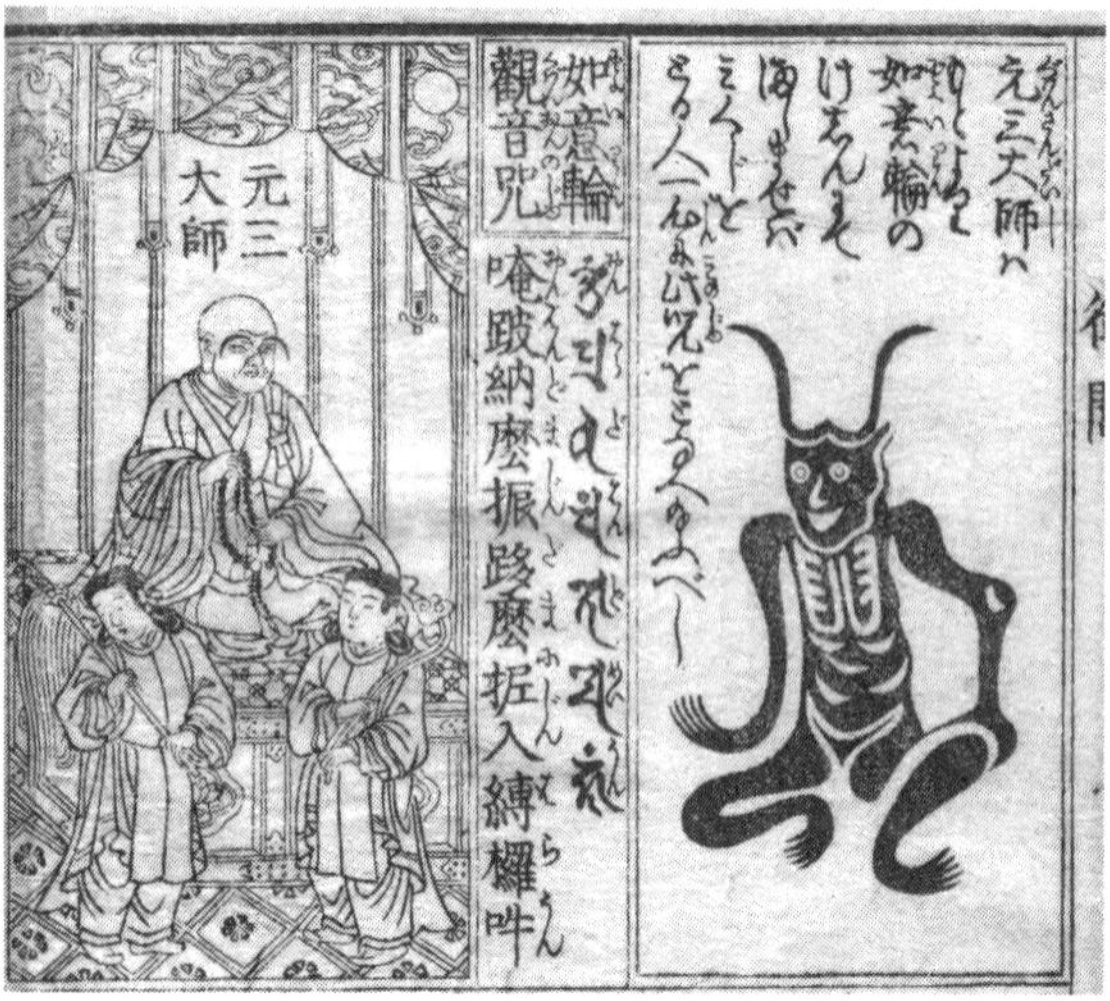

角大師(右)と元三大師。『天明改正・元三大師御鬮繪抄』(Wikipedia より転載)
「元三大師はもとより如意輪のけ《化》しん《身》にしてましませばみ《御》くじ《籤》をとる人一心に此呪をとなへ給ふべし」とある

上の妖《あや》しげな神さま（右）は元三大師です「いや、どう見ても神さまとは思えないよ」。正月三日が命日なのでそう呼ばれますが、もとは天台宗の座主《ざす》（天台宗の最高位）までになった良源＝慈恵《じえ》大師という高僧中の高僧です。角《つの》大師、厄除け大師、豆大師などとも呼ばれ親しまれてきました。おみくじの開祖、僧兵の創始者ともいわれます。

　魔除けの護符「角大師」は、二本の角を持ち骨と皮に痩《や》せさらばえた鬼

（夜叉）を表しています。これは疫病神を追い払うため、大師が自ら念じて鬼の姿に化したというもので「毒をもって毒を制す」ため［捨て身の迫力がある］なのです（角ではなく、長くのびた眉だとの説もあります）。

また「豆大師」の護符もあり、これには観音の変化《へんげ》と同数の三十三体の豆粒のような大師が整然と並んでいます。もともとは「魔滅《まめつ》大師」だったらしいのですが、それが「豆粒大師」になったというのです［洒落なのかぁ］。東京、目黒区下目黒の目黒不動尊などから出されている護符は「角大師」と「豆大師」が一枚に収まっています。

角か眉か？　たしかに大師の眉はたいへん長い。憤怒の形をして逆立ったのか

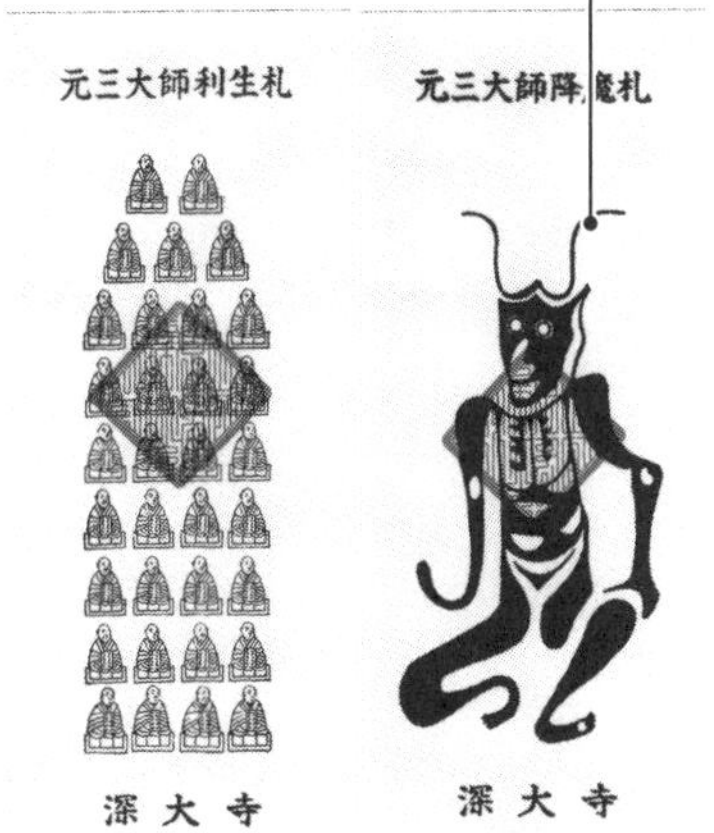

PHOTO：東京都調布市深大寺の護符

四十六

実在の修行僧が三尺坊天狗となった

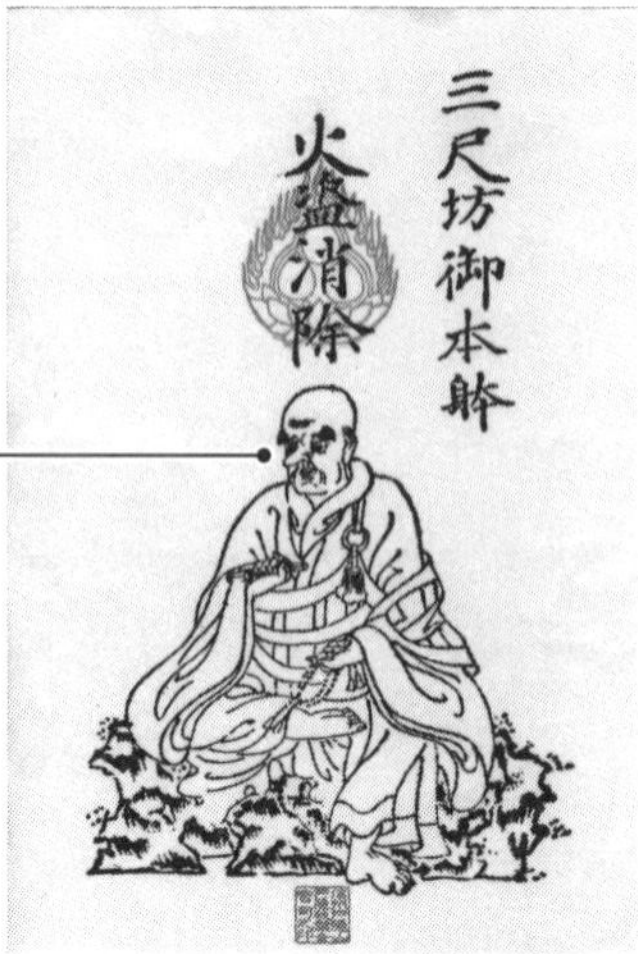

まだ僧形だが、鼻が多少天狗風になっている

長野県長野市戸隠宝光社・岸本家発行の三尺坊御影

秋葉神社のご本尊として江戸でも人気の高かった三尺坊天狗は、なんと穂高村で生まれ、越後の栃尾や信州の戸隠で修行を積んだ実在の修験《しゅげん》僧だったそうです。僧坊「三尺坊」での厳しい修行の末、ある日、自ら本尊たらんと念じると煩悩《ぼんのう》生死《しょうじ》の業《ごう》が滅却し、ついに生きながら天狗となって飛行神通自在（地上三尺＝90センチを飛んだという説も）となり、白狐に乗って南下、遠州秋葉山に降り立ったというのです［まるで「スーパーマン」！］。

時代は大同四（八〇九）年とも永仁二（一二九四）年とも、いや両時代に二回出現したともいいますが、さらに後の世にも出現したという噂もあり、どうも時間・空間を自由に操れたらしい［でも、それで「天狗」になっちゃいけない］。

そのような天狗の特殊能力から、次第に穢《けが》れを嫌う寺社の護法守護神や民間での火防の神となっていき、何より火事を恐れた江戸の人々は天狗を祭り上げることによって火事を防ごうと考えたのです［祭り上げられて鼻が高くなったわけじゃないよね?］。

世界的に有名な東京「秋葉原」の名もこの天狗さまにちなんだものです。

こちらは完全に天狗に変身している。白狐に乗り、不動明王と同じ炎（カルラ炎）を背負っているところは高尾山の飯縄大権現と同じ

静岡県袋井市久能秋葉山・可睡斎発行の秋葉三尺坊大権現御影

四十七

娘を娼婦に仕立て、連れ込んだ男の頭を潰す極悪老婆が神さまに？

浅草の花川戸辺りには明治二十四（一八九一）年まで隅田川に通じる大池「姥《うば》が池」がありました。周囲は人跡稀《まれ》な「浅茅原《あさじがはら》」で、そこにはただ「一《ひと》つ家《や》」があり、老婆と娼婦に仕立てられた娘が住んでいました。旅人（盗人とも）を泊めては石の枕に寝かせ、天井から吊した大石を落として殺害し、金品

老婆の悪事を止めようとする娘のほうは弁財天になったという。浅草寺奉納絵馬の絵はがきより（部分。デジタル加工）

を奪っていました。

ところが観音が化身した千人目の旅人に娘が心を奪われ、自分が身代わりになって死にます［といわれても、それまでの九百九十九人は浮かばれませんね］。観音が旅人に危険を知らせたという話もありますが、いずれにせよ老婆は娘を殺したことに悲嘆し、悪行を悔やんで池に身を投げます。

ところがその後、老婆の霊は大蛇となって人々を悩ませたので［ただでは起きないわけね］人々がその霊を祀《まつ》ったところ、老婆は沙羯羅《しゃから》龍王となって悪病退散の善神になったということです。

この伝説は浅草寺の子院・妙音院にまつわるものです。ここではその石枕を見世物にしていましたが［いくらなんでも悪趣味だ］、さすがに現在は非公開となっています。

PHOTO：東京都台東区、花川戸公園の沙羯羅龍王祠（左）　かつては甘酒を竹筒に入れ、池畔の木に架けて祈願した

四十八 山姥《やまんば》と金太郎は、荒々しい山がもたらす恵みの象徴

山中で馬方や行商人を襲い、時には馬も人も食ってしまうという山姥は恐ろしい山の妖怪ではあるけれど、山の神とも、あるいは山の神のお使いだともいわれます。名に姥とつくので老女と思われがちですが、金太郎を生み育てているところを見れば［金太郎の母なんて、考えたこともなかった］、母性真っ盛りの女性だといえます。いずれにせよ山の神を女性と見ている地域は多く、それは自然の恵みを惜しみなく与えてくれる地母神と見られているからでしょう。

その山姥を母に持つ怪童・金太郎が赤い肌で描かれるのは、赤龍が父だから［まったく知らなかった］とか、山姥が血しぶきを浴びたからとかいわれます。怪力の持ち主で鉞《まさかり》を担《かつ》ぎ熊に乗る姿は童謡で知られますが、ご存じのように成人して坂田金時（公時）となって源頼光に仕え、四天王の一人として酒呑童子《しゅてんどうじ》退治に参加しています。もちろん謡曲や御伽草子《おとぎぞうし》での話ですが、今でいえば、それだけ子供たちのアイドルだったわけです。

PHOTO：東京都杉並区高井戸の第六天神社

金太郎の乳の飲みっぷりが豪快。足を掛けられている小熊とそれを見守る親熊、二組の母子の姿が愉快だ

山姥の巨乳は山の恵みの象徴か

上のレリーフは、この歌麿の浮世絵をモチーフにしていると思われる

四十九

イケメンはつらいよ 浦島太郎の真実

むかしむかし浦島太郎は、旧名・浦島子《うらしまのこ》という大変な美少年でした。彼に一目惚れした亀《き》化大竜女《げだいりゅうじょ》（乙姫）にナンパされて海神（竜王）の宮へ行ったのです［えーっ？ だって亀に…］。「助けた亀に連れられて…」というのは、明治期の「尋常小学校唱歌」で、よい子のためにアレンジされ「動物の恩返し」系の話に変えられてしまったのです。

さんざんいい思いをした浦島太郎ですが、最後は乙姫を振って帰ってしまいました。しかし、世の中にそんな甘い話はなく、「玉手箱」の一件は、約束を破るとひどい目に遭《あ》うぞという〝戒《いまし》め談〟のネタにされてしまったのです。これが浦島伝説の真実です［そういわれると、リクツは合うな］。

イケメンに生まれたばかりに人生を狂わされた気の毒な男の話は通りがいいのか、各地に浦島伝説があります（香川県や海のない長野県にも）。太郎の出生地は丹後半島といわれ、浦島神社（宇良神社）に祀《まつ》られていますが、横浜市の慶雲寺（通称・浦島寺）は旧称・帰国山浦島院で、そのものズバリ。寺伝によれば、神女（乙姫）が玉手箱とともに「波風の難を除き長寿を願う」と持たせてくれたのが写真右の「浦島の観世音」像で、像のお告げでこの地までやってきたのだそうです「乙姫さまは振られたのに、やさしかったんだね」。

こちらは乙姫像（慶運寺パンフレットより転載）浦島観音の両脇には乙姫（亀化竜女神）と浦島太郎の像が立つ

亀に乗っている！　観音堂が開いていないときでも左右の窓から拝見できる

PHOTO：神奈川県横浜市神奈川区の慶雲寺（うらしま寺）浦島観音堂に鎮座する竜宮伝来浦島観音像　近辺には浦島丘、浦島町、亀住町などの地名が残る

V 変わりお地蔵さん

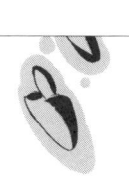

五十 鍋かぶり地蔵って本当にお地蔵さんなんですか？

鍋かぶり地蔵（釜かぶり地蔵とも）は、かつては直参旗本の酒井家に祀《まつ》られていたお地蔵さまだったということです。場所も時期もわかりませんが、ある時大変な災害に遭《あ》い、周囲は壊滅したけれど、たまたまこの地蔵像は鍋の下になって無事だったそうです「誰かが被《かぶ》せた？ それとも自分で被ったのか？」。

以来鍋を被り続けているわけですが、尊像は石像とはいえ柔らかい材質で作られているためか、その姿は激しく摩耗《まもう》しており、災害ではなく、これ以上すり減るのを防止するために誰かが古い鍋をかぶせたのだという説が有力ですが、時すでに遅しという状況です。

ごらんの通り、この石像に果たして地蔵尊が彫られていたかどうか、今となってはほとんど判別不能です。それらしき頭部がなんとか想像できるといった程度ですから「なるほどね」と応《こた》えるしかありません。もともと何も彫られていなかったといわれても反論できません。傍《かたわ》らに解説板もなく、この地蔵さまの存在に気付かない方もおられるようです「でも、それって、なんだかとてもお地蔵さんらしい」。

この姿は、旧日本軍の鉄兜は鍋だったのかと思わせる

PHOTO：東京都台東区松が谷の祝言寺
寺号は慶長の頃、江戸城の西方、祝言村にあったことに由来する

五十一

子供の供養
通学姿のランドセル地蔵

笑うことによって、少しでも多くの方の記憶に残すべきと考え、あえてご紹介します。

古世古《こせこ》和子氏の童話の題材になっているこのランドセル地蔵は奇をてらったわけではありません。写真のお地蔵さまは二代目で、地蔵堂の前に二体立っているうちの一体です。そして初代のランドセル地蔵は地蔵堂内に一五〇体並ぶお地蔵さまの一体なのです。

太平洋戦争中の昭和二十（一九四五）年七月八日、八王子に疎開《そかい》していた九歳の少年がアメリカ軍戦闘機の銃撃を受けて死亡しました［終戦まで、もうあと一カ月という日の悲劇…］。

後に少年の母親が、この地蔵堂の一体のお地蔵さんが息子によく似ていることから、息子が生前に大切にしていたというランドセルを背負わせて供養しました。それが基になっているのですが、お母さんもその数カ月後に亡くなってしまいました。そのため、このランドセル地蔵の真相はしばらく判らなかったのですが、古世古氏が一九七九年に『家出ねこのなぞ』を発表したことによって、三十数年ぶりに判明したということです。

PHOTO：東京都八王子市の相即寺　初代ランドセル地蔵は毎年六月二十三日、七月八日、八月八日に開帳される

五十二

ジェンダー問題も解決してくれるか お化粧地蔵さん

PHOTO:「お化粧地蔵」東京都港区三田の玉鳳寺

東京、港区三田四丁目の幽霊坂の中ほどにある玉鳳寺山門脇の地蔵堂を覗《のぞ》くと、体中真っ白にパウダーを叩《はた》かれた「西方地蔵化粧地蔵尊」が鎮座しており「夜中に見たら怖そう」、唇には紅をさしマニキュアまでしています。なかなかの美男子なので女性に人気がありそうですし、時代的にはこのバイセクシャルやジェンダー具合が受けそうです。

縁起によれば、寛永年間（一六二四～四三）に当寺の格翁和尚が、京橋八丁堀の地蔵橋近くの荒れ地に晒《さら》されていたお地蔵さんを見つけたということです。ひどく汚れており、どうしても綺麗にならないため化粧を施して祀《まつ》ったところ、和尚の顔の痣《あざ》がいつの間にか消えたといいます。お地蔵さんが消してくださったのでしょうか「だったら、これはなによりのご利益！」。

また、目黒の蟠龍寺には「おしろい地蔵」さんが居て、化粧というより、もう白い球体の顔ですが、顔の怪我、痘痕《あばた》や白粉の鉛毒にご利益があるそうです。地蔵さまに叩いたおしろいの残りを自分の顔に叩くといいそうです「フェイスパウダーなんかでも、いいんでしょうか」。

PHOTO:「おしろい地蔵」東京都目黒区下目黒の蟠龍寺

五十三

せっせと削《けず》られた「かんかん地蔵」は人間の欲の現れ？

PHOTO：東京都足立区千住の安養院　頭部から叩いていくのは人の習性か

小石で地蔵尊の身体をかんかんと叩き、石粉をいただいて祈念するため、そう呼ばれました。叩かれ、自分の身を削られても、なおご利益を与えて下さるというありがたいお地蔵さん。ただこれはお地蔵さんに限られたことではなく、全国各地で見られることのようです。

叩くとよい音のする石を叩く遊びや習慣から始まったといわれ、一説によると、刑場のあったことで知られる「鈴ヶ森」の名の由来は、近くの大田区・磐井神社（別名鈴森八幡宮）に叩くとよい音のする「鈴石」があったからといわれています。「鈴石→鈴ヶ森→刑場。罪人が最後に聞いた音はなんだったろう?」。

しかし足立区・安養院のかんかん地蔵は、叩いても特によい音がするわけではありません。また、台東区・浅草寺銭塚地蔵堂にもカンカン地蔵が鎮座していますが、こちらは今や台座と足先部分しか残っておらず、どんな音がしたのか、想像もつきませんし、もともと地蔵尊ではなかったという説もあるほどです。ただ、削った粉を財布につけておくと金が貯まるという噂です「人間の欲は、ご利益さえあれば見境《みさかい》なしだな」。

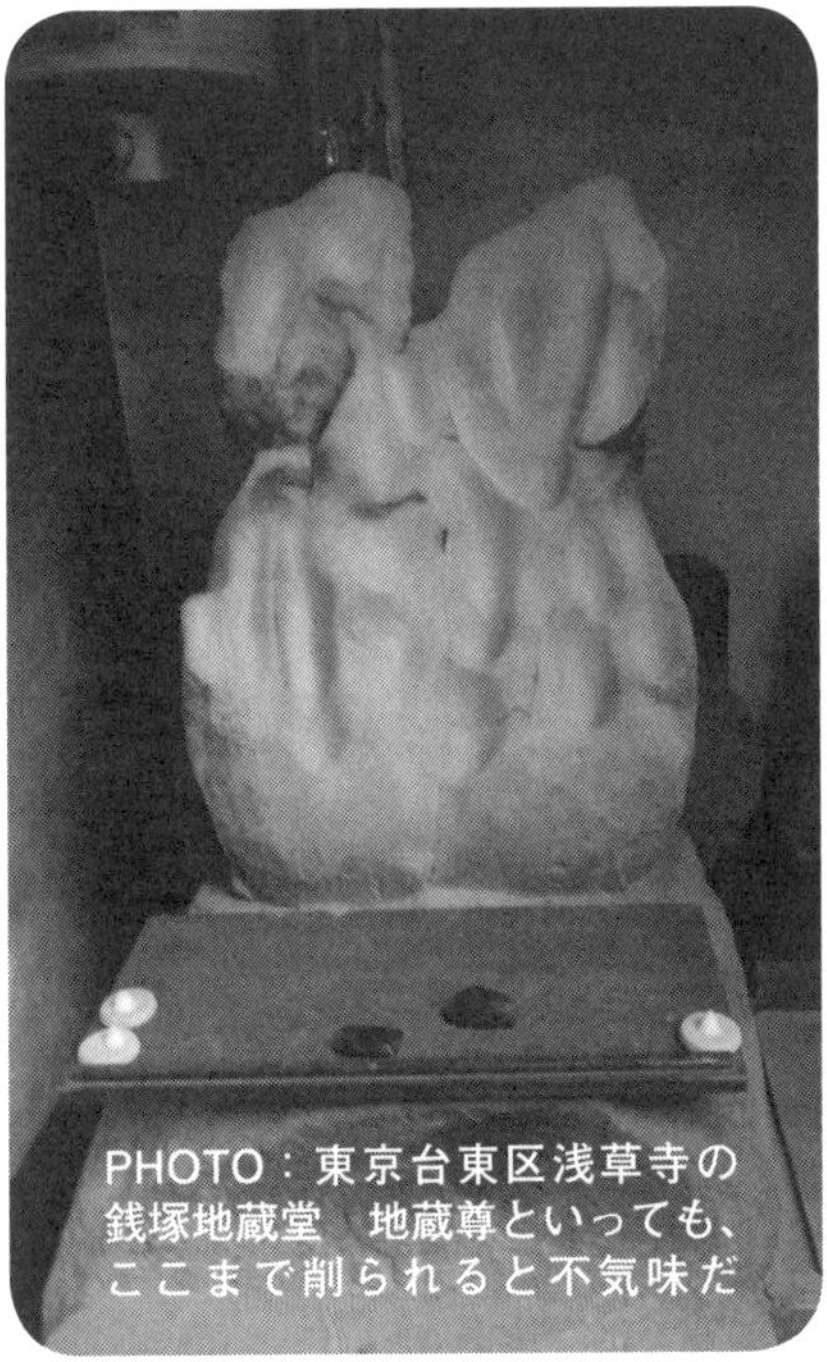

PHOTO：東京台東区浅草寺の銭塚地蔵堂　地蔵尊といっても、ここまで削られると不気味だ

五十四

宝珠の代わりに「へちま」を持たせたところ人気上昇

へちまの石材は本体と違うように
見える。つまり後から添えた物か

PHOTO：東京
都台東区上野
桜木の浄名院

へちま地蔵の鎮座する台東区・浄名院の境内には、江戸六地蔵の第六番代仏（深川の永代寺のものの再造）のほかに、徳川家や芸能人にも係わる数千体の地蔵像（「八万四千体地蔵」といわれる）があります［なぜ、そんなに?］。しかし、いくらお地蔵さんが多いとはいえ、宝珠や法具ではなく「へちま」を持つ地蔵尊はこの一体だけです。子供を抱いている子安地蔵などは別として、とうがらし地蔵、そば食い地蔵、豆腐地蔵など「いわれ」のあるお地蔵さんも多い中、そのブツを実際に手にしている例は多くありません。

ただ、このへちまは別石材のようです。つまり欠損した宝珠・法具の代わりにへちまを乗せてみた…ということも考えられなくもない［ふつう、そんなこと考えないと思う］。

旧暦の八月十五日に「ヘチマ加持祈禱会（へちま供養）」があり、参拝者には痰《たん》、咳や喘息《ぜんそく》にご利益があるといわれています。実際にへちま水は喉によいとされているし、さらに美容液としても使われますから、このお地蔵さんに健康美を願ってもよいのではないでしょうか［あまり欲張るとだめだよ］。

五十五

達観した微笑みで癒《い》やしの親子地蔵

もともと子安地蔵とか水子地蔵という概念には、賽《さい》の河原の和讃（仏教における賛美歌のようなもの）の影響が強く作用しています。お地蔵さんは子どもの守り神だということがよく分かります。

地獄の賽の河原で、（親より早く死んだ）幼子たちが「ひとつ積んでは父のため、ふたつ積んでは母のため…」などと小石を拾って父母のために（回向《えこう》の）塔を積んでいると［想像するだに悲しい光景だ］、やがて鬼がやってきて、何度もその塔を崩す。そこにお地蔵さんが現れ、子供たちをかくまい、「我を冥土の父母と思うて」頼りなさいと慰めてくれるわけです。

しかし、そのような鬱々とした雰囲気を吹き飛ばすような、晴れやかな笑顔の親子地蔵さんを発見しました。名のある地蔵尊ではありませんが、それは東京、新宿区若葉・円通寺坂の法蔵寺境内に立っています。特に子供の表情が笑えるくらい達観していて素晴らしい。お地蔵さんもまるでマリアさまのようで、隠れキリシタン像を彷彿《ほうふつ》させます［そういえば、お地蔵さんて、男?女?性別なし?］。親子ともに眼が顔の中心より上に位置しているため、民芸的な癒やしムードが漂うのでしょう。

幼児が凛《りん》と手を合わせている、こんな姿にお目にかかったことがない

PHOTO：東京都新宿区若葉の法蔵寺

五十六

お供え物は見本だけ お気の毒な蕎麦喰《そばくい》地蔵

そば好きの神さまはじつに多く、蕎麦喰閻魔（足立区北千住・金蔵寺）や蕎麦喰狐（文京区・澤蔵司稲荷）など、また麻布七不思議でも蕎麦好きの狐や狸が出てきます［庶民的？いや、むしろ蕎麦通、蕎麦グルメってこと］。

東京朝日新聞『東京の迷信・明治四十年十二月五日・蕎麦喰地蔵』に「浅草誓願寺中九品院の蕎麦喰地蔵は、咳一切に効験があるとて切に繁昌してござるが、願を懸る時には必ず蕎麦を上げ、また全快した時も蕎麦を上ることになつてゐる、其の理屈は一向分からぬが、何にしても本尊の前に蕎麦が堆《うずたか》く盛つてあるのが、一寸《ちょっと》他の地蔵には看《み》られぬ奇観だ」とあります。

これは、夜ごと蕎麦を食べに来る人物を怪しんだ蕎麦屋の主人が、ある時そっと後をつけると、その人はお堂の中にスッと消えて中には仏像だけがあったというパターンです［代金はお賽銭で払ったのかな？］。

この寺には、ほかにも楽しそうに語らいながら蕎麦を食べている羅漢《らかん》像などがあります。でも、お供えの蕎麦は、衛生面を考えますとウィンドウ見本にならざるを得ないのでしょう。お気の毒です。

PHOTO：東京都練馬区の九品院
かつては浅草にあったが、大正十二年の関東大震災後に現在地へ移転した誓願寺の塔頭寺院のひとつ

五十七

幽霊・くずれ・とろけても祀《まつ》り続ける律儀な日本人

ボロボロになった神さまにも霊力を認める日本人。最近さらに人気が上昇している様子です［滅びゆくもの…わりと好きだよね］。

「幽霊地蔵」は海から引き上げられた時、すでにここまで浸食されていた、火災で溶けた、などの説があります。とくに足の部分が消え入りそうなので、こう呼ばれています。水をかけると幽玄さが一段と増しますが、本来は「子安栄《こやすさかえ》地蔵尊」で子どもの守り神です。

幽霊地蔵：東京都港区高輪の光福寺

「くずれ地蔵」は原型を残さないほど崩れています。自分の身体が痛む時、このお地蔵さまの同じ部分を撫《な》でると痛みが消え、いわゆる「身代わり」になってくれるそうです。長い間触《さわ》られたせいか、削られたか罹災《りさい》したか、ここまで摩耗《まもう》し

た理由は不明ですが、いかにも庶民の苦悩を身に受けたごとく、です。

「とろけ地蔵」は行人坂にある大圓寺の五百羅漢《らかん》像をバックに異彩を放っています。はじめは幽霊地蔵同様、品川沖で漁師の網に掛かってここに納められたそうです。波に浸食されて傷《いた》んでいた上、行人坂の大火に遭《あ》い、このように溶けてしまいました。やがてそのお姿が「悩みを溶かしてくれる」と評判になり参拝者が後を絶ちません［いずれも、ありがたすぎて、もはや、いうことなしです］。

とろけ地蔵：東京都目黒区下目黒の大圓寺

くずれ地蔵：東京都目黒区八雲の氷川神社

五十八 「血の道地蔵」は婦人科専門

「血の道」とはずいぶん生々しいお名前です。神社系では考えられません。別名「いぼ地蔵さん」で、婦人病、生理不順、妊娠、産後の健康に加えていぼ取りなどのご利益で、女性の味方といわれています。

桃のような宝珠を持ち、優しい笑みをたたえ、いかにも女性の守り神といった表情が印象的です［キリッと姿勢もいいしね］。横には「明治二十五年三月」と彫られています。婦人病に悩んでいた女性が建立《こんりゅう》したか、その親族が女性の供養のために建立したものかは不明ながら、悲しい由来を持っていないといいなと思っていましたが、実際には比較的カラリとした表情のお顔で安心です。ただ、円明院の門前にあるため、自転車がぶつかっただけでも崩れそうです［柵で囲っていただけないかな］。

このお地蔵さんは今でも霊験あらたかということで多くの女性が祈願をされているそうです。祈願をするには線香をお供えします。いぼ取りの祈願をする場合は、お地蔵さまの同じ部分に線香の煙をかけます［って、けっこう難しそうだな］。

優しそうなお顔
と桃のような宝
珠がいかにも女
性の守り神と
いった印象
PHOTO：東京都練馬区錦の円明院

五十九

お地蔵さまを無理に武装させた勝軍《しょうぐん》地蔵

いったい何を企んでお地蔵さんに鎧兜《よろいかぶと》を纏《まと》わせ軍馬に跨《また》がらせたのでしょう。勝軍（将軍）地蔵は、鎌倉時代頃に生み出された日本独自の戦勝祈願、武運長久、火防の神仏で、武家の間で信仰されました。とはいえ、必ずしも怨敵調伏《おんてきちょうぶく》や必勝を祈願するだけのものではなく、無駄な戦いを回避したいという願いも込められていたようです「石のお地蔵さんじゃ、馬は重かったんじゃないかな」。

東京都内にも何体か見られますが、これらは戦前・戦中のものですから、「お国のために命も捧げる」などという乱暴な風潮や軍部に忖度《そんたく》しながらも、

PHOTO：長野県戸隠の勝軍地蔵
十九世紀江戸時代の作で、馬を曳くのは飯縄権現（天狗）

戦地へ赴《おもむ》いた兵士の無事と帰還を祈ったものでしょう。

台東区・安立院の将軍地蔵尊（レリーフ）は皇軍将兵の武運長久を念じて昭和十五（一九四〇）年に建立されたもの。勝利、護身の女神・摩利支天のように猪に跨がっています。つまり早い勝利と帰還を期待したものでしょう［「猪突」のスピードはすごいからね］。港区の真福寺には穏やかな表情をして騎乗している勝軍地蔵の銅像がありますが、こちらは昭和九（一九三四）年の造立です。

PHOTO：東京都台東区谷中の安立院
猪に跨がらせて早い帰還を願ったか

PHOTO：東京都港区愛宕の真福寺
ピンと張った馬の尻尾が印象的

VI むかしヒトだった神さま

六十 極悪人だった神さま・幸崎甚内《こうさきじんない》

神さまになったといっても、幸崎（向崎とも）甚内はもともとは極悪人でした。甚内は旧武田家の家臣・高坂弾正の子でしたが、主家が滅亡したので二十一歳で江戸に出ます［ここからがいけない］。辻斬りなどの悪事を重ね、やがて箱根の山賊の頭領となります。甚内は宮本武蔵の弟子ともいわれる剣豪のうえ、甲州透波《すっぱ》、つまり忍者でもあったので、なかなか捕まりません。しかし彼は瘧《おこり》（悪性の流行病、マラリア・熱病など）を患《わずら》っていたのです。治療のためか、江戸に現れた甚内は、浅草鳥越橋（後に「甚内橋」とも）で発作を起こし、あえなく御用となりました［極悪人も病には勝てなかったか！］。

江戸・鳥越の刑場（今の鳥越神社周辺）で処刑（磔《はりつけ》）される時、「くそぅ！　瘧さえなければ捕まりはしなかったのに…。この悔しさを死んだ後も魂にとどめよう。そして、瘧に悩む者がいて、俺を念じたら、その病を平癒させよう」といったことを叫んだそうです。

この誓いは、よほど霊験あらたかだったと思われます。甚内は処刑後、瘧や熱病を治す神さまとなり、神社（甚内神社）まで創建されたのですから［毒をもって毒を制するということでしょうか」。

PHOTO：東京都台東区浅草橋の甚内神社
縁日は毎月 12 日。例祭は甚内が磔になったという 8 月 12 日

六十一

生涯に八十七人を斬り殺した久米平内が「恋愛成就の神さま」に

久米平内は無類の豪傑でしたが、任務もしくは義侠心から八十七名もの人を殺《あや》めてしまった過去があります［それってどういう任務よ］。ある日感じるところがあって、自分の罪を償《つぐな》うため浅草寺金剛院に入りました。そこで二王座禅（二王＝仁王の心をもって悪行煩悩《ぼんのう》を滅す片膝立ち座禅）を修し（図絵参照）、その姿を石工に刻ませ、その像を人通りの多い仁王門（今の浅草寺宝蔵門）近くに埋め、人々に踏みつけさせたといいます。

それが「踏み付け」→「文付け」と転訛《てんか》し、やがて付け文（＝恋文のこと）にされ、ついに

PHOTO：東京都台東区・浅草寺境内の今の小祠《しょうし》に平内様の像が入っている様子はなく、扉も閉じられている。境内を見回しても、かつてのような文付けの信仰は見られないようだが、じつは秘かにお詣りする人はいるらしい

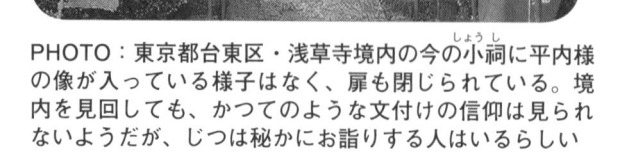

は、想う相手に気持ちを伝えてくれる神さまとなってしまったというのです「ウソみたいな話だな」。

このシャレこそが、そしてそれがカタチを持ってしまうのが、民間信仰の特長なのです。おそらく平内本人も、恋愛成就の神さまに祀《まつ》り上げられてしまうことなど想像だにしなかったでしょう。その強面《こわおもて》が「なんでこうなったの？」と戸惑っているように感じられます。

片膝を立てる二王座禅を修している平内。恐ろしい形相のため子供が泣き出している

なお「久米」は妻方の名で、本名は兵藤平内であるとか、奇《く》しくも殺めた人の数と同じ八十七歳で大往生を遂げたなど、諸説あります。

六十二

仁王像を賭物にした日荷《にちか》上人
怪力を披露して「足腰の神さま」に

PHOTO：東京都台東区谷中の延壽寺の絵馬（部分）
二体の仁王像は今でも身延山三門で睨（にら）みをきかせている

日荷上人は南北朝時代の日蓮宗の僧ですが、とんでもない剛力の持ち主でした。二体の仁王像を背負って三日三晩歩き通したというのですから、「健脚の神さま」になっても不思議はありませんね。その光景を描いたのが右の図です［「健脚」の前に「剛力」じゃないの？両方か］。ランナーなど、今でも多くの人から信仰を集めていますが、そこには、あまりほめられたもんじゃない話があるのです。

日荷上人が武州金沢（現在の横浜市金沢区あたり）の僧と碁を打ったのですが、あろうことか、その寺の仁王像を賭けたのです［これは相当トンデモないことですね］。で、勝負に負けた日荷さまは、仁王様をかついで自分が修行していた甲州の日蓮宗総本山身延山まで登ったというのです。この話が伝わり、いかにも健脚だということで、足の病に効く神さまとなった次第（東京朝日新聞「東京の迷信・明治四十年十一月二十一日・日荷さま」より）。

今では、そもそも仁王さまが日荷さんの夢に出てきて「（自分を）身延山に送り届けてくれ」と頼んだのがきっかけで、碁に勝ったのは日荷さま、相手は、どうせ持っていけるものではないからと高をくくって賭物にした、という話になっています［そのほうが分かりやすいね］。

六十三

鼠小僧次郎吉、義賊の真の姿

次郎吉は天保三（一八三二）年、市中引き回しの上、伝馬町牢内で首を刎《は》ねられ、その後、千住小塚ッ原に三日間首を晒《さら》されたといいます。享年三十六とも三十七ともいわれます。

引き回しの時は、ずいぶんと洒落た恰好をして、口紅をさした薄化粧までしていたそうです。

自分の人気を意識していたのでしょう

[今ならネットで大評判だな]。

それは「義賊」としての人気でしたが、実際には十年間、武家屋敷へ百二十二度も忍び込んで、盗み出した金三千両あまりはすべて酒食、遊興、博打、女などで使い果たしています。決して物語のように庶民にお宝を還元した義賊だったわけではないらし

四代目市川小團次の演ずる鼠小僧（二代目歌川豊国・画）

い［ネットで大炎上だね］。ただ、武家屋敷にしか押し入らなかったことは確かなようです。武家屋敷の内部は意外と不用心だった上、体面を重んじて被害届を出さなかったかららしい［さすが次郎吉、プロの目の付け方だ］。

墓石は両国と小塚原の回向院に、それぞれ新旧二基ずつあります。かつては賭け事のお守りにと、今では受験生が「うまく入れるように」と、墓石を欠いて持っていってしまうからです。

PHOTO：東京都墨田区両国の両国回向院
墓石は荒川区南千住の小塚原回向院にもある。ひとりで四基の墓を持っていることすら珍しいが、全盛期には同じ石碑が三年と保たなかったそうで、形を失った石塊を集めて周囲の塀にし、人々はこれを「鼠塚」と呼んだという

六十四

捕まらない盗賊・鬼薊《おにあざみ》清吉は「すり抜け」の神になる

なかなか捕らえられなかったため「すり抜け」の神となった盗賊が鬼薊清吉です。上方落語の演目や歌舞伎、『池波正太郎の鬼平犯科帳「鬼坊主の花」』などに登場します［悪役のヒーローなんだね］。

清吉のモデルとなった人物は、文化二（一八〇五）年に小塚原刑場で打ち首獄門となった実在の盗賊・鬼坊主清吉です。初犯の時は入墨と鞭《むち》打ちの刑で済んだのですが、その二筋の入墨をモグサで焼き、それがバレて次に三筋の入墨を入れられ、江戸追放となります［つまり、二度は捕まったんだ］。しかし江戸を出ず、「一人殺すも千人殺すも、取られる首はたった一つ」とばかり仲間の左官粂《くめ》、入墨三吉らと共に白昼から通行人の所持品を強

奪するなどの荒稼ぎを繰り返します。その後、諸処を逃げ回り、最後は［三度目の正直！］京都の大仏前で捕らえられたのも坊主の因果でしょうか（伊勢説もあり）。

辞世の歌は微妙に異なる数タイプが残されていますが、ここでは、参詣者の絶えない墓地のプレートに書かれた歌を記しておきます。

「武蔵野に　はびこる程の鬼薊　今日　の暑さに　枝葉しほるる」

墓は東京都豊島区南池袋の雑司が谷霊園にあり、削られた墓石はぼろ布に囲まれている

周囲には「すり抜け」を願う受験生が願い事を書き込んだハンカチやタオルなどが、むさ苦しく下がる

六十五

「明治の毒婦」高橋お傳《でん》の最後

神さまとは百八十度違うけれど、三味線や芸事の上達を願う人たちから今も信仰されている高橋お傳。別名は明治の毒婦。嘉永三（一八五〇）年に生まれ明治十三（一八八〇）年に三十歳の若さで斬首《ざんしゅ》されました［明治に、まだ斬首があったのか］。

お傳は、異常な情欲の女として処刑後解剖され、とくに性器はホルマリン漬けにして東大の法医学教室に保管されていたという（現在は不明）

死刑執行の場所は市ヶ谷監獄内でしたが、斬首の際に「もう一度市太郎に逢いたい」と暴れ狂い、泣きもがいたため、さすがの首斬り浅右衛門もお傳の首を刎《は》ね損じ、最後は地面に押し伏せて押し斬りに挽《ひ》き切ったという凄惨な情況だったといいます。

男に翻弄《ほんろう》された一生でした。最初の夫・浪之助が悪病で身体の自由を失ったのでこれを毒殺、他の男のもとに走り、各地を放浪しながら悪事を重ねます。やがてヤクザ者の市太郎と生活を始めたものの借金が重なり、古物商の後藤金蔵（吉蔵）から金を借りるために一晩身を任せますが、金蔵が約束を違《たが》え金は貸さない

「よくあるパターン」というので逆上。剃刀《かみそり》で男の喉を掻き切って殺害し、金を奪って逃走したそうです。

しかし今では、殺したのは金蔵だけで「毒婦」は作られたイメージ、むしろ男たちに尽くしながら報《むく》いられることのなかった「薄幸の女」という見方が強くなっています「ダメ男に惚れがちだったのでは?」。お傳の墓には今でも花が絶えません。

墓は、台東区谷中霊園（写真：こちらには納骨されておらず仮名垣魯文らによって建立《こんりゅう》された碑のみ）と荒川区小塚原の回向院にあり、戒名は榮傳信女。辞世の歌は「しばらくも望みなき世にあらむより渡しいそぐや三津の河守」

六十六

派手で危険な男遍歴・おきぬを勝手に「恋愛の神さま」に推薦

「原田おきぬは、白蝋のような色沢《いろつや》をして、眼切れのながい、凄いほどの美人」であった（矢田挿雲）といいます。「夜嵐の覚めて跡なし花の夢」という句を残し、明治五年、二十九歳で死刑（斬首《ざんしゅ》・晒《さら》し首）になり、以後、夜嵐おきぬと呼ばれるようになった女性です［お、なかなかかっこいい辞世だ］。

おきぬは漁師の娘として生まれ、十六歳で江戸に出て「鎌倉小春」

という名の芸妓として評判を取ります。すぐに大久保佐渡守（下野国烏山藩三万石城主）に見初められ、側室となって世継ぎを生みますが、数年後に佐渡守は死去、仏門に入り、温泉療養先で日本橋呉服商の倅・角太郎と出会って恋に落ちます。しかし二人の仲が大久保家に知られ追放。浅草仲見世に半襟《はんえり》店を出すと、それがまた大評判となります「やっぱり美人だと違うんだね」。

金貸しの士族・小林金平の目にとまり、おきぬは金平の妾《めかけ》に。しかし浮気の相手、歌舞伎役者の美少年・嵐璃鶴《りかく》（後に市川権十郎）の口車に乗せられて金平を殺鼠剤で毒殺、やがて捕らえられたおきぬには死刑判決が下りました。

男遍歴をたどりながらも、どの恋にも一途だった女性ということで、「アブナイ恋愛の女神」に、勝手に推薦します「え？ いいんですか」。

おきぬの墓は東京都墨田区東駒形の福厳寺にある。驚くほど小さな墓石だが、花が添えられ大切にされている様子だ。台座に原田の文字が見える

六十七

頭蓋骨でも高尾太夫のものならありがたい？

PHOTO：東京都中央区日本橋箱崎町の高尾稲荷
上部に見える屋根はハリボテだが、全体に心のこもった造りの社

東京、日本橋にある高尾稲荷のご本尊は、じつは「吉原の遊女・高尾太夫のものではないか、いやそうあってほしい、と推測された頭蓋骨」なのです。その小さな社《やしろ》は日本橋川が隅田川に注ぎ込む近くの箱崎町にあり、手作り感たっぷり。

岸辺で発見された頭蓋骨が仙台藩の殿様に吊るし斬りにされた高尾太夫のものかどうかはともかく、名のある人気女性の頭蓋骨でなくてはご利益もないわけですから、無理にでも彼女の骨にしなくてはなりません［DNA鑑定もなくて、却《かえ》ってよかった］。これをありがたがって拝むのが江戸っ子の粋というものなのでしょう。それで頭蓋骨を祀《まつ》っているからこそのご利益は、頭痛平癒、薄毛の悩み、頭瘡など、頭部の患《わずら》い一切にご利益があるそうですから、精神疾患やボケ防止にも神徳があるはずで、まさに現今の高齢化社会の救世主ともいえます。

ほかにも解説には商売繁盛、縁結び、学業成就にもご利益があるとあります。願を掛けるには祠に奉納されている櫛《くし》を一枚借り受け、病気平癒の後に新たに一枚添えて返します［おや、いかにも艶《つや》っぽいね］。

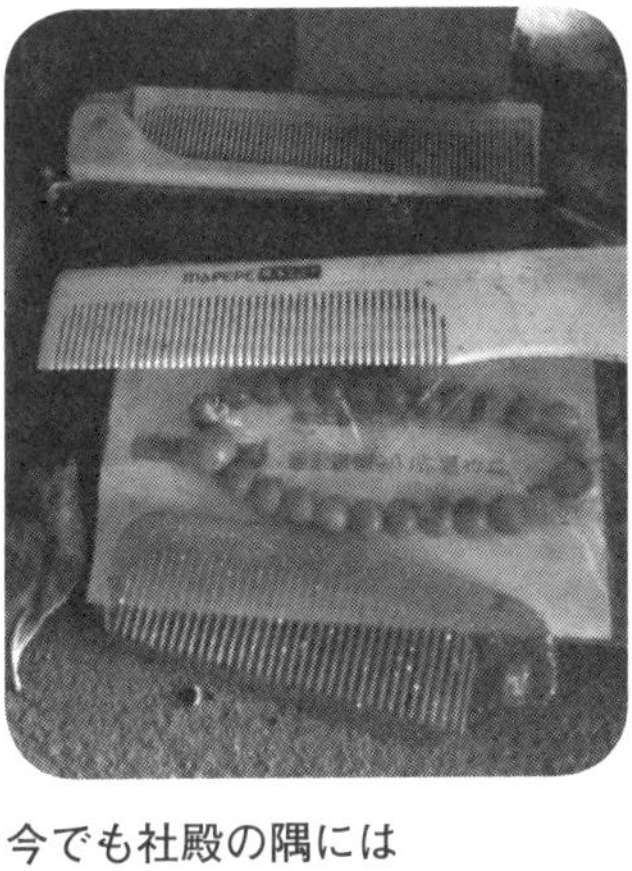

今でも社殿の隅には
櫛が供えられている

六十八

神さまよりお仙見たさの客で大繁盛の笠森稲荷

瘡《かさ》とは皮膚病の総称ですが、江戸時代には一般に梅毒のことで、これが蔓延《まんえん》していた時代ですから、その快復を願う神さまも大繁盛していました「医者もそんなにいないだろうし、神頼みになるわけだ」。全国の瘡護《そうご》神社も同じです。中でも繁昌していたのが谷中の瘡守稲荷で、品よく笠森などと表記されていますが、もともとは性病や皮膚病にご利益があったのです。

台東区には笠森稲荷が二社ある。東京都台東区谷中の功徳林寺（写真）と台東区上野桜木の養寿院

　その門前には四十七軒もの水茶屋（美女を置いて、客の接待をさせる休み茶屋）が並んでいました。中でも看板娘・お仙がいた「鍵屋」は大人気。お仙は絵師・鈴木春信のモデルとなり（左の美人画）、一気に江戸中の評判となっていたのです。江戸の

三美人に数えられ、お仙見たさに客が殺到しました。「向こう横丁のお稲荷さんへ 一銭あげてざっと拝んで おせんの茶屋へ」と手毬《てまり》唄にも歌われました。

ある日、お仙が突然消えて大騒ぎになりましたが、倉地政之助というお庭番を務める武士のもとに嫁ぎ、幸せな一生を送って十人（九人とも）もの子をもうけ、八十歳近くまで生きたということです［お稲荷さんのご褒美だったんじゃないかな］。

お仙の墓は東京都中野区上高田の正見寺・倉地家の墓所にあります。

お仙が運んでいる団子は本物らしいが、祈願するときは泥団子を供え、成就すると本物の団子を供えるシステムになっていた

六十九

鬼女おまん＝足神さんの陰毛呪力

「足神さん」は小さな祠《ほこら》です。祀《まつ》られているおまんは伝説で知られる鬼女紅葉《もみじ》一党の副将でした。生来七十人力の大変な乱暴者で、二十代はじめの頃は、山から薪を伐《たきぎき》り出し、獣や猿などを素手で打ち殺して売っていました。足腰がすこぶる丈夫で、紅葉の配下になると一夜に三十里を走り、山を越え、遠くの村々まで出かけて略奪を繰り返したそうです

［五輪があれば、悪事を働かないでもよかったのにね］。

九六八年、紅葉は戸隠荒倉山で平維茂《たいらのこれもち》に成敗されます。勇敢に戦ったおまんも最後は戸隠に逃れて自害しました。彼女の亡骸《なきがら》を葬った場所が今の足神さんです。おまんの足腰の丈夫さにあやかろうという土地の人から、神さまとして親しまれてきたのです。

彼女の「ぼぼの毛＝陰毛」はとても長くて、千本つなげば江戸まで届くといわれていたそうです。頭髪説もありますが、色は赤くて縮れていたそうです［そりゃ、間違いなく下の毛だけど、一本あたり三百メートルにもなるよ］。女性の陰毛に呪力を認める例は、戦時中に「弾除け」として兵士が所持していたことが知られます。

PHOTO：長野市戸隠中社地区の足神さん
草鞋《わらじ》や履物が奉納されている

この丸い絵は社前
に立つ石柱の頭部

七十

生きながら福の神とされた仙台四郎

PHOTO：仙台四郎を祀る寺は、
仙台市青葉区の三瀧山不動院

四郎は安政元（一八五五）年頃の生まれで、四十七歳で亡くなったのが明治三十五（一九〇二）年頃といわれています。知的障害があって会話能力が低く、シロバカ（四郎馬鹿）などと陰口をたたく人もいました。しかし子供好きで、いつも機嫌よく笑っていたので誰からも好かれたようです。気ままに仙台の市中を歩き回り、食べ物などをもらったりしていましたが、四郎が自らの意思で立ち寄る店は不思議と繁盛するようになり［あるんだよね、そういうこと］、そこから「福の神」という噂が広まります。

やがて店のほうから進んで彼を招き入れるようになりますが、気に入らない店には決して入らなかったといいます。やはり何か鋭い嗅覚を持っていたのでしょう。

やがて彼の写真が売り出されるようになります。焼き具合で陰茎が丸見えのものもあったそうです［あらら、それはなんとかしなきゃ］。次いで写真は印刷され、「明治福の神」と銘打った絵はがきになりました。

今も四郎人気は衰えず、商売繁盛の縁起物として多くのキャラクターグッズが見られます［そういえば、四郎人形は、すごい福耳だ］。

三十歳頃の四郎。撮影は千葉一。陰茎の見えるものは色町に人気があったのではないだろうか。絵はがきも千葉写真館から出された

七十一　悪党集団の親分楠木正成《くすのきまさしげ》が忠孝の臣として信仰される

楠木正成は、鎌倉時代から南北朝時代にかけて後醍醐天皇の南朝方に味方した英雄です。しかし基本的には悪党集団の親分だったといっても過言ではないようで、鎌倉幕府討伐のためなら、あらゆる手段を講じた後醍醐天皇のお眼鏡にかなったわけです。

正成は幕府の大軍に、野伏せによる奇襲や投石器による飛礫《つぶて》、熱糞を浴びせるなどの喧嘩戦法で対抗して功労をあげ［戦いの天才だったらしいね］、一時期は建武新政府の要職にも名を連ねますが、後に足利尊氏に敗れて自害しました。

江戸時代に南朝正統論を唱える儒学者（とくに水戸学者）たちによって、その忠孝ぶりが再評価されます。明治以降も終戦まで、「軍神」「戦神《いくさがみ》」として崇拝の対象とされ、皇居外苑に銅像が建ち、修身教科書の教材となって軍国主義のプロパガンダに利用されました［六百年以上も後の話で、本人も、思ってもみなかったろうね］。正成の子孫は武蔵国保谷に移り住み、今の田《た》無《なし》神社と尉殿《じょうどの》神社を守ってきたといいます。その関係で田無神社に正成公の石像があり、受験生に人気があります。

PHOTO：東京都西東京市田無町の田無神社　像の左手がほとんど欠けているが、かつて戦地に赴く人（今は受験生）がこの像を削ってお守りにしたのだ。戦神らしく、今でも多くの矢が奉納されている

川副秀樹（かわぞえ・ひでき）
1949年立川生まれ。中央大学経済学部卒。G・デザイン事務所経営を経て著作・編集業へ。民俗学・民俗工芸や飯縄信仰、第六天信仰などの民間信仰の研究・取材を重ね、関係著書多数。2003~東京都高尾パークボランティア会員（19年現在副代表）。06~神職体験。11~武蔵野市「古文書の会」会員。現在、著書読者を対象とした「東京発掘散歩隊」を主催。米国南部の黒人音楽にも造詣が深い。

装丁………著者
本文イラスト＋DTP制作………REN
編集協力………田中はるか

笑う 神さま図鑑

発行日❖2019年5月31日　初版第1刷

著者
川副秀樹

編集者
富永虔一郎

発行者
杉山尚次

発行所
株式会社言視舎
東京都千代田区富士見2-2-2　〒102-0071
電話03-3234-5997　FAX 03-3234-5957
https://www.s-pn.jp/

印刷・製本
中央精版印刷（株）

ISBN978-4-86565-148-5 C0021